勝てない原因はトレー  った

FXで

すぐに真似できる**2**つの
トレード奥義
を伝授

成功するための「勝ちパターン」理論

「いつもうまくいく」を
実現するための仕組みづくり

著

KANAKOGI KEN　　ITO AKIHIRO
鹿子木 健　伊藤 彰洋

Pan Rolling

はじめに

　本書は『FX で勝つための資金管理の技術　損失を最小化し、利益を最大化するための行動理論』に続く、鹿子木健と伊藤彰洋の共著第2作目となります。

　前著では「トレードとは、すなわち資金管理のことである」との仮説を立て、資金管理を主、テクニカル分析を従とするトレード理論を確立しました。
　「トレードの結果を本当に左右するのは資金管理なので、テクニカルの技術を磨くよりも資金管理の技術を磨いたほうがより勝ちに近づく」との認識を新たにされた読者も多かったことと思います。

　しかしながら、資金管理はそれ単独では機能しないこともまた事実です。
　資金管理がトレード収益を増やし、損失を減らすための武器であるならば、チャートと相場そのものを味方につける武器も存在します。
　この2つの武器は、矛盾しません。矛盾しないどころか、両方そろって完全な形になります。

　今回は、勝てるトレーダーになるための資金管理に続く"武器"、おそらくトレーダーの皆さんにとって新鮮な概念となる「勝ちパターン」を提供します。
　前作と同様、チャート事例をふんだんに使い、「実践によって裏づけられた理論」と「理論によって裏打ちされた実践」を学んでいただきます。

この武器を一度手にすれば、半永久的に利益を獲得し続けることができます。相場が変化しても、時代が移っても、交換する必要もなければ、大規模な修繕の必要もありません。私たちがなすべきただひとつのこと、それは、この武器を手放さないことです。

　　　　　　　　　　　　　　　　　　　　鹿子木健　伊藤彰洋

本書について

1）ＦＸにおける「勝ちパターン」とは何か

本書のテーマでもある「勝ちパターン」という言葉を聞いて、何をイメージするでしょうか？

おそらく、「勝つ」という言葉から「（勝てる）手法」を連想する人がほとんではないかと思います。

確かに、手法は勝ちパターンの一部ではあります。しかし、勝ちパターンそのものではありません。

もう一度、言います。手法は勝ちパターンの一部でしかありません。手法を学んだからといって、必ずしも勝てない理由は"そこ"にあります。

では、ＦＸで言うところの勝ちパターンとは何なのでしょうか？詳しくは、本書の中で解説していきますが、答えを先に教えると以下の３つになります。

①現状確認：優位性のあるチャートパターン
②戦略：シナリオと資金管理
③実行：ルール通りに行動する

この３つがセットになってはじめて「勝ちパターン」になります。どれかひとつでも欠けたら、それはもう勝ちパターンとは呼べません。だから、手法だけ勉強しても駄目なのです。

まずは、優位性のあるチャートパターンなのか、現状を確認する。

次に、シナリオと資金管理戦略を立てる。

最後に、エントリーからエグジットまでルール通りに行動する。

この一連の流れを落とし込んだトレードが、ＦＸにおける勝ちパターンです。本書で実例を混ぜて紹介しますが、まずはこのことを覚えておいてください。

２）ボリンジャーバンドを使った勝ちパターンを紹介

勝ちパターンが大事なことはわかったとしても、実際、何をどうすればよいのか、わからない人も多いと思います。特に、優位性のある手法の選択については、手法の検証に慣れていない人にとっては、ハードルの高い作業になります。

そこで、本書では、ボリンジャーバンドを使った、鹿子木式勝ちパターンを２つ（※）、紹介しています。

※「調整」を狙う、鹿子木式勝ちパターン１
　「トレンド相場の初動」を捉える、鹿子木式勝ちパターン２

優位性のあるチャートパターンから、シナリオ構築と資金管理戦略、エントリーからエグジットまでの一連の行動パターンを、まずは頭にたたき込んでください。そして、デモトレードを利用するなどして、体に染み込ませてください。慣れてきたら、最後は、実戦を通して、学んだやり方を磨き上げてください。

勝ちパターンが何かを理解し、やがて、自分だけの勝ちパターンを

構築してもらえたならば、本書の制作に携わったものとしてうれしい
限りです。

パンローリング編集部

CONTENTS

第4章　勝ちパターンの基本的運用法

第5章　勝ちパターン分析の奥義

第6章　勝ちパターントレードの実際

第7章　勝ちパターン構築に欠かせないパズルのピース

　　　1）勝ちパターンが発生しているか？

　　　2）利食いと損切り（出口）のイメージが描けるか？

　　　3）リスクに対してリターンは十分か？

　　　4）エントリーする時間はあるか？

　　　5）自分はこの通貨ペアにエントリーしたいか？

第8章　勝ちパターンを構築するための道しるべ

　　　1）均衡の原理（乖離補填の法則）

　　　2）波及の原理（慣性の法則）

　　　3）循環の原理（作用反作用の法則）

第1章

最強の武器

これまで見過ごされてきた
「当たり前に勝てる方法」

「どんなテクニカル指標を使うか、どんな手法を駆使するかに関係なく、当たり前のようにFXトレードで勝つ方法がある」と言われたら、皆さんはどう思うでしょうか？

「そんなことがあるはずない！」と反発するでしょうか。それとも、「また新手の詐欺の一種が出てきたな」と呆れるでしょうか。

本書は、トレードで勝つために最も必要な"あるもの"を伝えるために書きました。これから本書で紹介していく**"あるもの"**。それが重要だと知っている人は、実は少数派です。最も必要なことであるにもかかわらず、その必要性が認識されていないのです。

だからこそ、「"あるもの"を知ったトレーダーは、それを知っただけでも圧倒的優位に立つことができる」と私は考えています。

例えば、あなたが今、英語でコミュニケーションできるようになりたいとします。その目的の達成を最も大きく左右するものは何だと考えますか？　もしかすると、次のような意見が出てくるかもしれません。

◎どの教材を使うかが重要です
◎学習方法が重要です

◎正確な発音に矯正することが重要です

　どれも、間違いではないですが、「英語でコミュニケーションできるようになるために」という視点で考えると、重要な要素ではありません。本当に必要なものは、以下のスキルだと考えます。

◎日本語でコミュニケーションできるスキル
◎自分の考えを伝えるための最低限の英語表現の知識とそれを使える
　スキル

　どんなにたくさんの英会話教材を研究しても、学習方法をいろいろ研究しても、発音をいくら矯正しても、英語が使えるようにはなりません。
　本当に必要なのはコミュニケーションの力です。そもそも、母国語で他人とうまくコミュニケーションを図れない人が、英語でコミュニケーションできるようになるわけがありません。意思疎通を上手にこなす能力が、あくまでも優先されます。そのうえで、コミュニケーションが成り立つ最低限の英語表現や語彙を覚えるのです。そうすれば、英語でのコミュニケーションも可能になっていきます。極端な話、教材や学習方法は何を使っても構いません。きれいな発音でなかったとしても、通じれば大丈夫です。

　ここで「英語でコミュニケーションできるようになること」を、「トレードで勝てるようになること」に置き換えてみてください。こだわるところがずれていないでしょうか？
　本当に必要なことを後回しにして、小さなどうでもよいことを追求していないでしょうか？

稲盛和夫さんという方をご存知でしょうか。京セラを創業し、一流の上場企業に育て上げ、さらに第二電電（現 KDDI）を創業して上場、日本航空の再建を成し遂げたプロ経営者です。

　稲盛さんは、引き受けたからには、どんな会社でも成長させたり、再建したりする自信があったと思います。プロ経営者として成功する人にとっては、立て直す対象の企業が製造業であろうが、通信業であろうが、航空業界であろうが、業種の如何は関係ないのだと思います。

　音楽プロデューサーでは、秋元康さんというプロがいます。おニャン子クラブから始まり、AKB グループなど、手がけるアイドルユニットのプロデュースを次々と成功させてきた方です。これから新しいプロジェクトを手掛けたとしても、ご本人は失敗する気はしないと思います。

　アニメ業界の宮崎駿さんも真のプロです。私は少年時代、『未来少年コナン』が大好きでした。『ルパン三世　カリオストロの城』も何度も観ました。この人を抜きにして日本のアニメ界を語れないほどの存在です。

　宮崎さんは『風の谷のナウシカ』『天空の城ラピュタ』、代表作と称される『もののけ姫』『千と千尋の神隠し』など、すべての作品を大ヒットさせてきました。

　この人たちに共通するのは、「"何をやっても成功する"ように見える」というところではないでしょうか。

　「何をやってもうまくいくなんて羨ましい。自分もそうなりたい！」と思う人もいるかもしれません。

　でもちょっと待ってください。何をやってもうまくいく人など、この世には誰もいません。これらの成功者は、「いつもうまくいくよう

にやっているから、その結果としてうまくいっている」にすぎないの
です。

> **いつもうまくいくようにやっているから、
> その結果としてうまくいっている**

　「どうやったらうまくいくか」を天才的な感覚で理解しているか、
血のにじむような努力により体に覚え込ませたか、成功の論理を打ち
立てたか。そんなことは重要ではありません。

　とにかく、どうやったらうまくいくかが"今わかっている"という
状態。この状態にある人は、本当に何をやってもうまくいきます。

　しかし、別の側面から見ると、「うまくいくことしかしていない（選
んでいない）」「うまくいかないと思ったらやらない」「一度始めたら、
最後までうまくいく方法でしかやらない」ことを徹底しているだけだ
とも言えるでしょう。

　もちろん、100やれば100全部成功する、ということではありません。
駆け出しの時期のように、まだ右も左もわからないようなときには不
本意な結果になることもあるでしょう。稲盛さんも若いころには挫折
もあったと思います。秋元さんも最初からうまくいっていたわけでは
ありません。宮崎さんもそうです。

　うまくいっている印象が強く、失敗している姿などが思い出せない
のは、うまく失敗しているからです。これを「損切り上手」といいます。

　彼らは、その全盛期を迎えるまでに、それぞれ、"あるもの"を確
立しました。その"あるもの"を身につけておけば、その通りにやる

だけで、普通に何でも成功するというわけです。

　ここで言う"あるもの"、それが**「勝ちパターン」**です。それこそ、本書で私がお伝えしたいことです。

　勝ちパターンが確立していれば、勝ちパターン通りにやるだけでうまくいきます。努力していないわけではない、運の要素がないわけでもない。しかし、自分の勝ちパターンを心得ていることで、勝ちパターン以外のことをしなくなる。だから、失敗が極限まで少なくなり、やることなすこと、すべてうまくいくように見える状態を作り出すことができるのです。

　FXトレードで成功する「唯一」の方法は、自分の勝ちパターンを確立することです。

　自分の勝ちパターンが確立していないのに、どんなに有名なビジネススクールに通っても、どんなに有名な音楽プロデューサーの成功本を読んでも、またどんなにたくさんの映画をがむしゃらに作っても、うまくいくはずはありません。

　何度でも言います。FXトレードで成功したければ、自分の勝ちパターンを確立することです。勝ちパターンが自分の中にあると思える状態で相場に向き合うなら、たとえ超一流のトレーダーになることはできずとも、普通に勝ち続けるトレーダーになることはできるはずです（それが本当の超一流だと私は思います）。

～第２節～
勝てないのは
手法にとらわれているから

　経営の勝ちパターンを持たない人が、稲盛さんと同じ車に乗っても、同じ社長室で仕事しても成功しないように、自分の勝ちパターンがない人が、いくら優れたテクニカル・インジケータを使っても、優れたテクニカル手法を使っても、トレードで成功できません。

　「勝てない理由はテクニカル手法にあるのではない」。この事実に気づくことが、大転換するための最初のステップです。

　気づける人は一瞬にして気づけるはずです。しかし、これがどれだけ難しいことなのかは、６年以上も"このこと"を伝え続けてきた私だからわかります。

　「勝てない理由はテクニカル手法にあるのではない」という事実に反発したくなる気持ちも理解できます。一生懸命勝てる手法を探している人、学び続けている人にとっては、もし手法では勝てないということが事実だとしても、それを認めることはできないからです。おそらく、自分のこれまでの努力、費やしてきたお金、そして時間すべてが否定されるように感じるのでしょう。

　「手法では勝てないだと！」「何が勝ちパターンだ！　勝ちパターンなんて馬鹿にするな」「また同じことを言っている」。そんな反応が返ってきても、私には彼らを責めることはできません。

私は、次のような意地悪な質問をよくします。

「あなたが成し遂げたいことは、手法を身につけることですか、それとも利益を出すことですか？」

　あなたはテクニカルを極めたいのですか、それとも勝てるようになりたいのですか？
　この質問がすべてです。
　手法やテクニカル分析は、あくまでも道具です。トレードに限らず、どの世界でも、どんなに良い道具を使っても勝てるようになるとは限りません。良い服を着ても、ブランド物のアクセサリーを身にまとっても、あなた自身は変わらないように、トレードにおいても、どんな手法やテクニカル分析を使っても、勝てる人は勝ち続けるし、負ける人は負け続けます。

> **どんな手法やテクニカル分析を使っても、**
> **勝てる人は勝ち続けるし、負ける人は負け続けます**

　意に反することかもしれませんが、まずはこのことを認めてください。もし認められないならば、この本をこれ以上読み進める意味はないでしょう。時間の無駄ですから、ページを閉じて本を置いてください。

　日本人の個人トレーダーの9割が利益を出せていないと言われています。残念ながら、これはほぼ事実だと思います。
　日本人トレーダーの中には、情報リテラシーが低い人も多く、それ

ゆえに詐欺まがいの商材に騙されてしまう人も多数います。詐欺とは言わないまでも、欲や欠乏感を煽って入会させるオンラインスクールなども存在しています。

　情報商材もオンラインスクールも、そのほとんどが、「手法」という情報を売っています。情報商材を買う人も、トレードスクールに入会する人も、やはり最後は「勝てる手法」が欲しくてお金を払います。

　いろいろな手法を試すために100万円以上使ったという人も少なくないでしょう。インターネットでも、書店のFXコーナーでも、どこでも手法、手法、手法です。

　しかも、ほぼすべての著者や販売業者が、「この手法は特別」「この手法で勝てる」「確実に利益にできる」というような内容を書いています。それなのに、トレードで利益を出せない人が9割もいるという現実……。

　手法探しをしている人は、この手法でやってみたがダメだったから、次はあの手法。あの手法もダメだったから次は別の手法というように「宝さがし」を延々と続けています。

　しかし、彼らが報われる可能性は、極めて低いと思います。どんなにたくさんの手法を試しても、結果は同じです。なぜなら、手法"だけ"では勝てないからです。

「それはいくら何でも誇張し過ぎでは？」
「でも少しくらいは役立つものがあるのではないか？」
「悪いモノが多いのには同意するが、良いモノもある」

　もちろん、良い手法はたくさんあります。私は、それを否定しているわけではありません。むしろ、世の中に出回っている手法のうち、「悪いモノ」は少数でしょう。良いモノや良い手法にあふれているのです。それでも勝てない。つまり、「手法だけでは勝てない」ということ以

外の理由が見当たらないのです。当たり前のことですが、100％確実に勝てる手法など、この世にひとつもありません。

　ここでもう一度、考えてみましょう。9割の人が負けているとしても、残りの1割の人は勝っているはずです。勝っている人たちが使っている手法は、「勝てる手法」だということにならないのでしょうか？
　勝てる手法を使って、実際に勝っている人たちがいることは事実です。
　しかし、勝っている要因が「その手法の中」に本当にあるのでしょうか？
　彼らが勝っていることと、その手法を使っていることとの間に因果関係はあるのでしょうか？
　本当にその手法だから勝っているのでしょうか？
　天性の才能や経験、スキル、メンタル、思考の転換などによって勝っているのかもしれない、と考えたことはないでしょうか？

　視点を変えて、「手法で勝っているわけではない」ということに気づくと、視界が一気に開けてきます。
　勝っている人たちは、それぞれ、自分の勝ちパターンを構築しているゆえに、勝っているのです。勝ちパターンを構築しているから、どんな手法を使っても利益になります。
　そんな彼らがたまたま使っている手法が、彼らが伝えている手法だというわけです。実際、勝っている人と同じ手法を使っても、なかなかうまくはいきません。うまくいく人もいれば、そうでない人もいます。私が見てきた限りでは、圧倒的に後者のほうが多いです。だから、「その手法が優れている。それを実践すれば本当に勝てる」という論理は成り立たないのです。

～第３節～
勝ちパターンは普遍的

　私のライフワークのひとつは、「勝ちパターン」という考え方をひとりでも多くの人に知ってもらうことです。

　冒頭で、経営や音楽プロデュース、アニメ映画の話をしました。なぜでしょうか？

　勝ちパターンは普遍的な概念であり、勝ちパターンさえ自分のものにしておけば、どんな世界でも成功できてしまうからです。

　もちろん、トレードも例外ではありません。勝ちパターンを知らない人たちは、トレードでうまくいかないばかりか、人生でも大損をしています。

　学生時代ならば、勉強の勝ちパターン、そして受験の勝ちパターンを知っておくと有利になります。

　社会に出るときならば、「就活の勝ちパターン」や「人間関係の勝ちパターン」を、仕事を始めてからは「開発の勝ちパターン」や「契約を取る勝ちパターン」を知っておくと、スムーズな社会生活を送りやすくなります。

　男女関係では「恋愛の勝ちパターン」、結婚してからは「夫婦がうまくいく勝ちパターン」や「子育ての勝ちパターン」を知っておくとよいでしょう。私はまだ経験していませんが、「成功した老後を生きる勝ちパターン」もあるかもしれません。

　なぜ、ことさらに勝ちパターンを強調しているかといえば、勝ちパ

ターンがあれば、少なくとも経済的にトクをするからです。損が減る
のです。

> **勝ちパターンがあれば**
> **少なくとも経済的にトクをするからであり、損が減るのです**

　勝ちパターンは、幸せな人生を生きるための術だと私は考えていま
す。「勝ちパターンを知らないほうが良かった」と思う人は誰もいま
せん。後悔する人もいません。
　逆に、勝ちパターンを知らなかったばかりに、不幸な人生に甘んじ
てしまう人は無数に存在していると思います。

　私は、この「勝ちパターン」を皆さんにお伝えしたいと、何年もの
間、願ってきました。
　もちろん、トレードにも「勝ちパターン」はあります。勝ちパター
ンを活用すれば、勝つことがたやすくなります。
　さらには、トレードの勝ちパターンを身につければ、他にも応用が
利きます。なぜなら、勝ちパターンは普遍的だからです。トレードの
勝ちパターンを学ぶことを通して、普遍的な人生の成功法則を身につ
けていただきたいと願っています。
　「勝ちパターン」はあらゆる物事における成功の本質を表していま
す。

勝ちパターンなら、勝てる。
負けパターンなら、負ける。

そんな当たり前のこと、などと思わないでください。この真理は、実に深いものです。勝ちパターンであるということは、的を外さないということです。

　また、勝ちパターンには、無駄がありません。　勝ちパターンはシンプルです。そこには再現性があり、普遍性もあります。

　複雑すぎると、そもそも「パターン」にはなりません。再現性がないものもパターンではありません。普遍的でない現象も、パターンという枠では語れません。パターンではなく「偶然」として扱われます。

　もちろん、パーフェクト（完璧）は存在しないのがこの世界ですが、それはマイナスではなくプラスです。パーフェクト（完璧）が存在しないからこそ、不完全でも勝てるのだと思いませんか？　完璧でなくてもよいので、一定程度、本質（的）を外さず、余計なことをせず、自分の得意なやり方に絞れるならば、その人は成功できます。

　これこそが勝ちパターンです。

　がむしゃらにやることでも努力することでもなく、極めることでも、うまくなることでもありません。的外れなことをせず、自分に不利になることはせず、自分が得意でないことをしないだけで、勝ちパターンになります。

　勝ちパターンを理解していれば、能力や才能が平均以下の人でも、優れた能力や才能を空回りさせている人たちに勝てるから、この世界はおもしろいのです。

　さあ、勝ちパターンの世界を知る旅を始めましょう。

思考の大転換

～第1節～
なぜ、私たちは手法という
蟻地獄にはまってしまうのか

　若いころ、私は調理を学んでいました。料理人の道に進もうと真剣に考えたこともあります。

　最初に、「生食」「焼く」「煮る」「炒める」「蒸す」「揚げる」「茹でる」という7種類の調理法をたたき込まれました。

　この7種類が調理法の基本です。組み合わせによって、「蒸し煮」「揚げ煮」「蒸し焼き」「炒め煮」など、その幅が広がります。

　電子レンジ調理は食品そのものの水分を加熱する一種の「無水蒸し」です。オーブンやグリルは焼きに蒸しの要素を加えた調理法ですし、網焼きや炙りなどは「焼き」のバリエーションです。

　このように世界には何十、何百という調理法が存在しますが、基本は7種類からの派生形なのです。

　調理法はとても重要です。調理法を知らないと、調理そのものができません。

　しかし、です。調理法を知っているからといって、おいしい料理を作れるわけではありません。例えば、おいしいお肉が手に入ったとしても、そのお肉をどのように処理するかは、調理法では解決しないからです。

　他の食材との組み合わせを考慮しなければなりません。また、もてなす相手の文化や好みに合わせなければなりません。出席者の人数や、

その食事がどのような「席」なのかも関係してきます。場合によって
は、使用できる調味料から逆算して調理法を決めなければならないこ
ともあるでしょう。

　確かに、おいしい料理を作るのに調理法自体は必要です。だからと
いって、調理法がすべてではありません。「調理法を習えば、おいし
い料理を作れる」というのは、実は幻想にすぎないのです。

　レシピのまる覚えも、役に立ちません。

　レシピ通りの食材、調味料を揃えなければ再現できません。

　本来は、まず食べさせてあげたいお客様がいて、そして食材があり、
その次にどのように調理をすれば一番喜んでもらえるかを考えて調理
法を選び、組み合わせる食材や調味料を考えていくものです。

　しかし、レシピ主義というのは、最初にレシピがくるので、「その
料理」を作ることが目的になってしまいます。旬の食材かどうか、新
鮮かどうかは関係なく、とにかく書いてある食材や調味料を揃え、調
理して食べさせるという順番になります。 例えば、「カレーを作るた
めにカレーの材料を買ってくる」ようなことです。

　本来は、誰が食べるか、どんな食材があるかということが先にあっ
て、カレーを作るという決断は最後にするものだと思います。

　ここまでの話を聞いて、もしかすると「カレーを作るためにカレー
の材料を買ってくる」ことの何が悪いのかわからない人もいるかもし
れません。しかし、そういうことになると、「カレーを作るためには
○○と○○の材料が必要だ」と固着してしまい、自分で自由に食材と
調理法から料理を組み立てることができなくなってしまいます。さま
ざまな食材にも、その時々の状況の変化にも対応できないのです。

　調理法とトレードは関係ないですか？　いいえ、関係あります。

　私がなぜ調理のお話をしているかというと、それが相場やトレード

で利益を出せるかどうかに、深く関係しているからです。

相場では、「今日はポンド／円で利益にするぞ！」と決めて相場に入り、ポンドを売買して利益になるものではありません。

利益にならないどころか、相場を無視してポンドだけ取引しようと最初から決めていると、環境が悪いときにもポンドだけの取引をすることになります。その結果、大損失を出すことも考えられます。

相場は、まずはおいしい投資対象を見つけるところから始まります。例えば、ポンド／円ではなく、ユーロ／ドルがおいしそうならば、ユーロ／ドルを取引したほうがよいに決まっています。

しかし、それは相場に入る前（チャートを見る前）にはわからないことです。チャートを見て初めて、どの通貨の取引をしたら利益になりそうかがわかります。その後、その通貨に対して、どのような調理法（つまり手法）で料理したらよいのかがわかるという順番です。

このように、調理法とは、例えばトレンドフォローの飛び乗りなのか、押し目買いや戻り売りなのか、調整狙いなのか、ということなのです。

通貨ペアだけでなく、4時間足なのか、日足なのか、週足なのかという時間軸についても考える必要があります。

多くの場合、時間軸は、相場に合わせることが大前提ではあるものの、トレーダーのライフスタイルを軸に考える必要もあります。仕事が忙しくてチャートを頻繁に観察できないトレーダーがデイトレードをすることは、フライパンを持っていない人にステーキを焼かせるようなものです。お湯を沸かすためのヤカンしか持っていない人にステーキが焼けるでしょうか？　絶対に焼けません。

このように、通貨ペアやライフスタイルなど、手法を考える前に検討すべきことがあるにもかかわらず、手法から出発してしまうと、先

に説明したレシピの場合と同じで、「とにかく手法ありき」になってしまうのです。

　本来、手法は最後にくるものです。手法の前に利益になりそうな通貨ペアがあり、自分のライフスタイル（好み）があります。そのあとで、どのような手法が適切かを判断して決めていく。それが利益になるトレードの流れではないでしょうか。

　取引する通貨ペアを最初から決めていてはいけないのと同じように、手法も最初から決めていてはいけないのです。

　では、いろいろな手法を学び、使いこなせるようにしておき、相場に合わせて臨機応変に対応できるようにするのが良い方法なのでしょうか？

　実は、それも違います。なぜなら、それでは勘や経験に頼らないと勝てない職人技になり、再現性がなくなるからです。

　調子が良いときはよいですが、少しでも調子が悪くなると勝てなくなります。

　「トレードにおいて手法とは、手段であり道具である」とはよく語られる言葉ですが、ほとんどの人が表面的に同意したポーズをとりながらも、実際には手法信仰から抜け切れていないと私は感じます。

　手段や道具は、状況に応じて取り替える必要があります。

　薄い合板を切るときには糸のこぎりでも大丈夫ですが、丸太を切るときはチェーンソーでないと切れません。穴を開けたいときはドリルやキリを使います。

　先ほどの調理法も同じで、自分は炒める調理法（手法）に心酔しているからと、刺身やスープを炒めて作ることはできません。

　手法はあくまでも手段。相場や自分の置かれた環境に合わせて変えるべきものです。今日、その手法で利益になったからといって、今後もずっと利益になり続けるということは保証されていないのです。

自分から手法を取り上げると何も残らないと感じる人は、手法という手段だけで武装しているものの、中身が何もない人です。

　それに対して、自分から手法を取り上げられても勝ち続けられる人は、文字通り、手法を手段や道具として使っている人です。

> **手法を取り上げられても勝ち続けられる人は、**
> **文字通り、手法を手段や道具として使っている人**

　手段や道具を失っても、致命傷にはなりません。なぜならその人には中身があり、芯があるからです。その中身、また芯こそ、相場から利益をもらうノウハウ、つまり「勝ちパターン」なのです。

トレード手法と勝ちパターンの違い

　手法と勝ちパターンは同じものだ、と思われることが多いです。これは「勝ちパターン」への大いなる誤解です。

　手法と勝ちパターンの最大の違いを述べます。それは以下の通りです。

　『手法とは、何かを達成するための手段であり道具である』

　『勝ちパターンとは、うまくやるための道筋であり展開である』

　残念ながら、「利益にするための手法」というものはありません。「利益にする」という概念が具体性を欠いているからです。

> **「利益にするための手法」というものはありません**

　「エントリーポイントを見つけるための手法」「移動平均線を活用するための手法」「相場の変化するタイミングを計るための手法」など、具体性のある目的を達成するための手段であり道具が手法なのです。

　「素晴らしい家を建てる手法」というものがないのと同じです。 あるのは「木材を１ミリのずれなく切る手法」「コンクリートを早く流

し込むための手法」「ボルトを使わずに柱と梁を組み合わせる手法」などだけです。

それに対して、勝ちパターンは、何かを達成するための手段ではありません。「勝つ」「成功する」あるいは「うまくやる」など何でもよいのですが、そういった結果をもたらすための道筋であり、そして展開が勝ちパターンです。

最終的に成功するなら、どんな道具を使っても構わないし、どんな手段を選んでも構いません。言ってみれば、道具や手段にこだわるのではなく、**結果にこだわる**こと。それが、勝ちパターンが指向している概念です。

求めている結果を実現するために、どのような準備をすればよいのか。
また、どのような道具の選び方をすればよいのか。
そして、どのような展開の運び方をすればよいのか。

これらの事柄にフォーカスするのが勝ちパターンです。手法と勝ちパターンがまったく異なる概念であることを理解していただけたでしょうか？

トレード手法とは、文字通り、トレードするための「手法」「方法」です。手法は何百、何千とあり、優秀なものから手法とは呼べないお粗末なものまで、ピンからキリまで存在しています。例えば、次のようなものです。

◎ 3本の移動平均線を使った手法
◎一目均衡表を使った手法
◎ MACD のゴールデンクロスを使った手法

◎ポイント・アンド・フィギュアの手法
◎ライントレードの手法

　以下のような具体性のないものは手法ではありません。

◎「10万円を1億円にする手法」
◎「1回5分で利益になる手法」

　スポーツの喩えですが、サッカーでは、以下の4種類の選手が協力してプレーします。

◎ゴールキーパー（GK）
◎ディフェンダー（DF）
◎ミッドフィールダー（MF）
◎フォワード（FW）

　サッカーは、守りながら相手より点を多く取って勝つことを競うスポーツです。ピッチ上でのDF、MF、FWの陣形（フォーメーション）が、さまざまに考えられ、工夫されています。
　例えば、3－5－2。DF3人、MF5人、FW2人の陣形です。陣形の種類は、これ以外にも、4－4－2や4－3－3など、無数にあります。これらは、サッカーという競技における戦術上の「手法」です。
　ワールドカップで優勝したチームが4－3－3の手法を用いていたからといって、地域の少年サッカーチームが4－3－3を真似れば優勝できるでしょうか？　この考え方が的外れであることは、誰にでもわかります。本気でそんなことを考えたり信じたりする人はいません。

　しかし、なぜかトレードの世界では、そのような"ちょっと常識で

考えればわかること"さえ理解できない人が多いのです。お金がからんでくるので、思考停止してしまうのかもしれません。

　カリスマトレーダーの手法を真似れば自分も勝てると思ってしまう。多くの勝ち組トレーダーを輩出したと口コミで広がっている手法を使えば、自分も勝てると思ってしまう。そんな人が多いから、「情弱ビジネス」がなくならないのだと思います。

～第3節～
トレードルールと勝ちパターンの違い

　手法に加えてもうひとつ、多くの人が誤解をしている概念があります。それは「トレードルール」です。

　一般的には、手法、勝ちパターン、トレードルール。この3つの違いを区別できない人が多いと思います。しかし、この区別は肝の部分ですから、しっかり理解していただきたいと思います。

　話は非常にシンプルです。

　まずはトレードルールです。先ほどのサッカーの喩えでいえば、ルールとは「自分たちのチームが守ると決めていること」を指します。

　試合前には、チーム内で入念に「ルールの確認」をします。監督がサインを出すときのルール、パスを出すときのルール、ペナルティキックのときのルール、選手交代のときのルール。それらは、チームの規律であり、管理の手段でもあるわけです。ルールは、チームごとに決まっており、他のチームが真似をしても意味はありません。

　トレードルールも同じです。トレードルールは、それぞれのトレーダーが、それぞれ守るように決めている「マイルール」のことです。

　マイルールは、レバレッジであったり、エントリーの条件だったり、ロスカットであったりします。「スマホではトレードしない」という

トレード環境に関係するルールもそうです。

　勝っている人のトレードルールを真似たからといって、自分も勝てるようになると考えるのは、的外れだとすぐに気がつくでしょう。

　しかし、これも不思議なことで、FXの世界では、「トレードルールを真似る」「トレードルールをお金で買う」ことによって、自分も稼げるようになると思い込んでいる人たちがいなくなりません。

　確かに、トレードルールも手法も、勝ちパターンの一部にはなります。しかし、勝ちパターンそのものではありません。

　思い違いをしている人たちに、一日でも早くこのことに気づいてほしいと願っています。

**トレードルールは、それぞれのトレーダーが、
それぞれ守るように決めている「マイルール」のことです**

～第4節～
勝ちパターンとは、
勝つための仕組みのこと

　相場で利益を出したいと思ったら、まず必要なものは、間違いなく、手法やトレードルールではなく、勝ちパターンです。

　極論すれば、手法など何だってよいのです。目的は勝つことです。その手段がトレード手法です。トレードルールは後から決めていけばよいのです。手法を使うことや、トレードルールを定めることも含めて、勝つためのトータルな道筋としての勝ちパターンを確立すべきです。

極論すれば、手法など何だってよい

　少し具体的にお話ししていきましょう。

　勝ちパターンの確立に当たっては、まず手法（手段）から入ります。

　手法には、「どんなテクニカル指標を使うか」「どんな判断基準でトレードをするか」という領域があります。

　すべての人は、何らかの手法を持っているはずです。ここでは、「5、25、75という3本の移動平均線」を使う手法にします。

　次に、「どのようなトレードルールで当該の手法を運用するか」を

定めます。ただし、手法の特性を生かしたトレードルールである必要
があります。要するに、手法（ここでは3本の移動平均線）が決まっ
たら、次に「この手法に合ったトレードルールは？」へと進むわけで
す。ここでも、一例ですが、トレードルールを決めてみましょう。

◆ルール1

「5」「25」「75」の移動平均線（MA）が上から小さい順に並んだ
ときに買う（一例）。つまり、5移動平均線が一番上、25移動平均線
が真ん中、75移動平均線が一番下という順番になったときに買う（次
ページ参照）。

◆ルール2

売りの場合は逆で、「5」「25」「75」の移動平均線が上から大きい
順に並んだときに売る。つまり、75移動平均線が一番上、25移動平
均線が真ん中、5移動平均線が一番下という順番になったときに売る
（次ページ参照）。

◆ルール3

順番が崩れるまではポジションキープ。

◆ルール4

順番が崩れたら手仕舞い。

トレードルールが決まったら、その後で、トレードルールに適した
資金管理を決めます。

手法とトレードルールだけでは勝つことができません。手法、そし
て手法に合ったトレードルール、さらにトレードルールに合った資金
管理、この3つは最低限必要な要素です。ここでも、資金管理法を任

◆上昇のパーフェクトオーダー（点線枠）

◆下落のパーフェクトオーダー（点線枠）

意で決めてみましょう（一例です）。

◆資金管理法1

　毎回のエントリーはレバレッジ1倍。

◆資金管理法2

　サインが出たらレバレッジ0.5倍で成行エントリー。

◆資金管理法3

　翌日に0.5倍でポジション追加。

　手法、トレードルール、資金管理の3つを、わかりやすく並べると次ページの上段のようになります。

　この3つだけで勝てるとは限りませんが、手法とトレードルールと資金管理のざっくりした考え方については、ご理解いただけると思います。

　さらに、なぜ手法だけでは勝てないか、またなぜトレードルールだけでは勝てないかについても、理解していただけると思います。

　勝ちパターンとは、相場展開という外部要因と、利益にするための行動プロセスという内部要因の2つの側面から成り立っています（次ページ下段参照）。

　さらに詳しく説明すると、外部要因と内部要因の事柄を網羅し、体系づけている仕組みが勝ちパターンです。

　勝ちパターンとは、手法とトレードルールと資金管理、さらにはメンタル管理（自己管理）など、トレードに関係するあらゆる要素を網羅して取り込んだ「仕組み」です。成功するため、勝つため、うまくやるための仕組みです。

◆手法、トレードルール、資金管理の関係

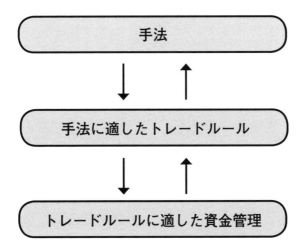

◆外部要因と内部要因

（外部要因）　　　　**（内部要因）**

・チャート分析　　　　・出口戦略

・相場心理を見抜くこと　・エントリー判断

・シナリオ構築　　　　・注文の使い分け

　　　　　　　　　　　・撤退の判断

　　　　　　　　　　　・資金管理（ポジション管理）

　　　　　　　　　　　・自己管理（メンタル管理）

　　　　　　　　　　　・勝率やリスクリワードの最適化

にもかかわらず、ほとんどの人は手法だけを学びます。そして、手法だけを学んですべてを習得できたつもりになってしまいます。手法しか学んでいないのに「トレードルールも身についた」と勘違いしてしまうのです。

　百歩譲って、手法とトレードルールを身につけられたとしましょう。しかし、資金管理が身についていないと、どんなに優れた手法と合理的なトレードルールを習得したとしても勝つことは難しいです。

　ほとんどの情報は、手法とトレードルール（もどき）の段階で終わっています。　それなのに、その方法を真似て勝てるようになるはずがありません。

　勝ちパターンを持っている人は、トレードの世界では本当に強いです。いや、勝ちパターンがなければ、相場で生き残っていくことは不可能なのです。

勝ちパターンで見方を変える

　勝ちパターンでは、シナリオと資金管理、出口、入口がワンセットです。この４つは勝ちパターンだけでなく、トレードや投資そのものでも欠かすことのできない「核」となる部分だと思います。

　この４つを組み込んだ「勝ちパターン」の基本の流れは、次のようになります。

①シナリオを描く
②リスクとリターンを計算する
③出口を設定する
④エントリーポイントを精査する

　ところが、実際にエントリーした後は、順番が逆になります。つまり、次のようになります。

①エントリー
②出口（エグジット）
③リスクとリターンの確定
④シナリオの確定

全体像は、次ページの通りです。この全体像がイメージできていると、失敗することがなくなると思います（ロスカットがなくなるという意味ではありません）。

　トレード以外の話も紹介しましょう。例えば、スイーツを作る場合を想像してみてください。

　スイーツの重要な要素は、以下の４つです（私はここに「健康」を加えたいのですが、一般に認知されていないのでこの４つとします）。

◎味わい
◎舌触り
◎歯ごたえ
◎美しさと香り

　作る工程は、一般的に以下のようになります。

①味わいを作る（バター、砂糖、卵黄、チョコレートなど）
②舌触りを作る（卵白、薄力粉、アーモンド粉、コーンスターチなど）
③歯ごたえを作る（オーブンで焼く、冷蔵庫で固めるなど）
④美しさと香りを添える（カッティング、デコレーション、ハーブなど）

　そして、食べる段階ではその逆の順番に進んでいきます。

①見た目を味わい、香りを楽しむ（色、形、クリーム、ソースなど）
②口に入れて歯ごたえを感じる（焼き加減や弾力など）
③舌触りを確認する（スポンジやムースのとろけ具合い、やわらかさ、アクセントなど）
④味を味わう（甘味、コク、素材の味わいなど）

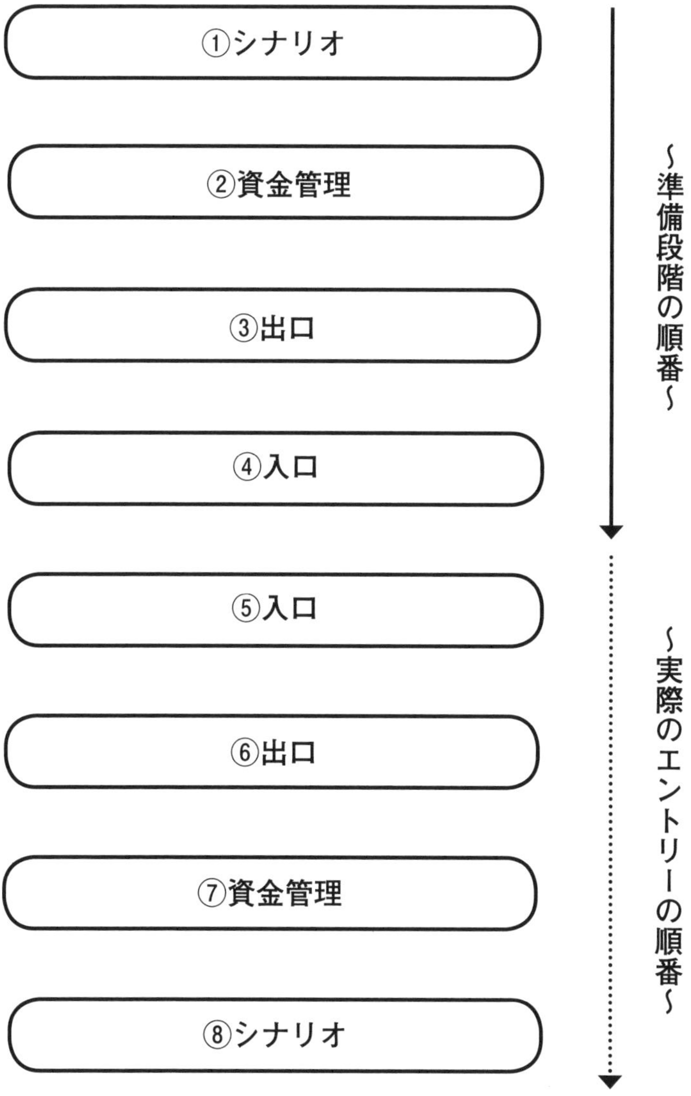

①シナリオ

②資金管理

③出口

④入口

～準備段階の順番～

⑤入口

⑥出口

⑦資金管理

⑧シナリオ

～実際のエントリーの順番～

全体像は次ページの通りです。

　トレードと関係のないように感じるかもしれませんが、これは、私が大事にしている考え方です。「本来の目的を特定してから構造を分解する」アプローチです。

　スイーツを作る目的、食べる目的は何か？　何をすればその目的がかなうのか？　目的を達成するためにどんな要素を入れていけばよいのか？　そこを考えることができればレシピが不要になります。正確に言えば、不要になるのではなくて、レシピを使う側ではなく作る側に回れます。

　「えー、最初に何を何グラムだっけ？」ということがなくなります。なぜなら最初に何を決めないといけないか、次に何を決めるのか、わかっているからです。「砂糖はいつ混ぜるんだっけ？」「小麦粉とメレンゲの順番はどうだっけ？」ということもありません。

　トレードにおいても、トレードルールに振り回されることはなくなります。

　いつ、何をしなければならないかが明確になります。さらには、トレードルールのそれぞれの要素が何のためにあり、だからどのような順番で考えればよいのかも、明確になります。

　「おかしいな？」と思った場合や失敗した場合、構造がわかっていると、どの段階で間違ったか、すぐにわかります。トレードの改善も非常にやりやすくなります。

　私が「トレードの目的を明確化してください」と繰り返し言っているのも、「目的を明確化しなければその手段を決定できないから」です。目的実現のために必要な要素を組み立てられないからなのです。

　「勝つことが目的」とはっきり定めれば、勝つために最も有利な手段を選択し、勝つために必要な行動を順番に進められるように勝ちパターン化できますが、「エントリーポイントを知りたい」ということ

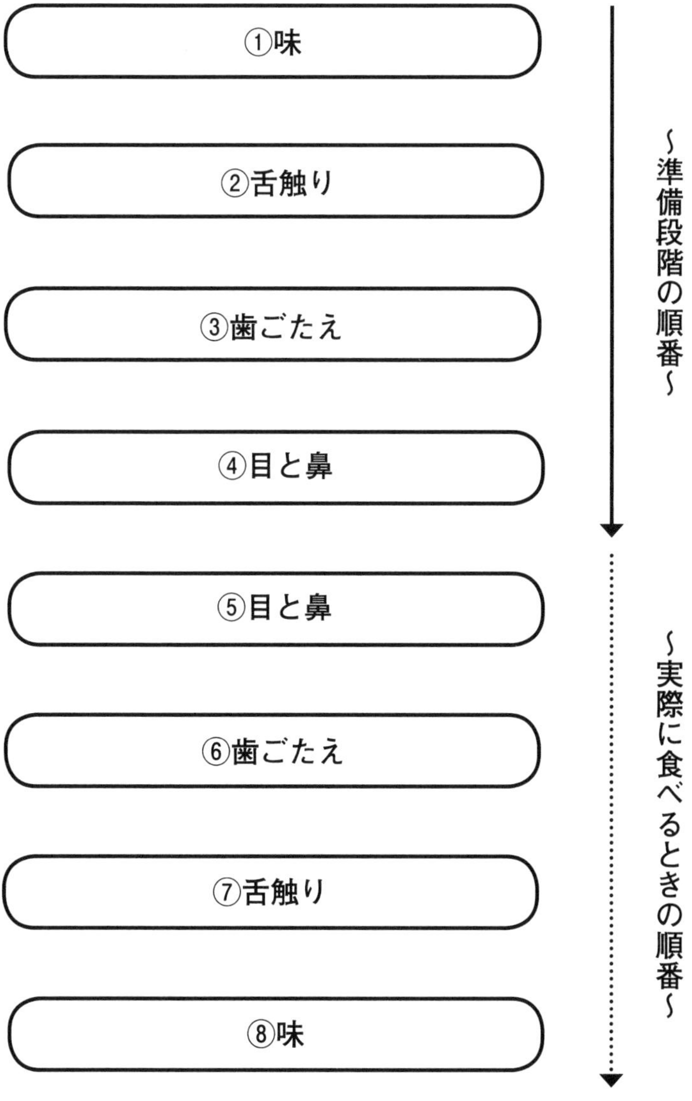

①味

②舌触り

③歯ごたえ

④目と鼻

⑤目と鼻

⑥歯ごたえ

⑦舌触り

⑧味

〜準備段階の順番〜

〜実際に食べるときの順番〜

などが目的であるならば、エントリーポイントを知るための手段しか選べません。エントリーポイントを特定したらそれで終わり（任務完了）のような手法に落ち着いてしまうのがオチなのです。

「テクニカルの目的は何か？」という質問をされたときに、即座に「勝つことです」と答えられないと、トレードで勝つことは難しいです。

これは心理効果などではなく、「自分が求めていることを達成するために人間は行動する」という、極めて当たり前の事実に気づいているかどうか、という基本的なことです。

第3章

勝ちパターンの構造分解

勝てるから「勝ちパターン」

　本章では、さまざまな異なる視点から勝ちパターンを映し出し、その全体像をつかんでいく作業をしたいと思います。

　勝ちパターンを持っている人は強いです。なぜなら、勝ち方を知っているからです。

　勝ちパターンとは「勝ち方」です。どれだけたくさんのトレード手法を学んでも、勝ち方を知っている人にはかないません。

　何度でも言います。自分の勝ちパターンを持っていない人は、成功することができません。

　周りを見渡してみてください。どの分野でも構いません。うまくやっている人は、その人の勝ちパターンを持っています。

　勝ちパターンとは、勝てるやり方のことです。ですから、「勝ちパターン通りにやっているのに利益になりません」というのであれば、それは「勝ちパターンではないことをしている」ということになるのです。勝ちパターンで負ける人はいません。勝てるから勝ちパターンです。

> **勝ちパターンで負ける人はいない。勝てるから勝ちパターン**

勝ちパターンは最強です。なぜなら、負けないからです。手法を学ぶことも大事ですが、その前に、勝ちパターンという考え方をまずは腑に落とすことのほうが重要だと思います。

～第2節～
優れた手法でも
負けパターンにはまる

　どんな手法でも、「単なる道具であり、手段である」ということは繰り返し書いている通りです。非常に優れた手法であっても、何万人が学んだ手法でも、何十年もプロディーラーをされていた方の手法でも、例外はひとつもありません。

　これは、誰かを中傷しているわけではありません。そもそも「手法」というものは勝つためにあるものではないからです。

　手法はゴルフクラブと同じです。性能の良いクラブを使えば、技術がより引き出されることがあるでしょう。しかし、ゴルフの下手な人がどんなに高額なクラブを使っても下手なままで終わります。

　手法の使い手であるトレーダー自身に勝つための思考や技術がなければ、どんなに優れた手法を使っても、最終的には負けてしまいます。それこそ、手法を取り替えたくらいで、それまで損失ばかりだった人が急に勝ち組トレーダーに生まれ変わることなど、あり得ません。

**手法を取り替えたくらいで、それまで損失ばかりだった人が
急に勝ち組トレーダーに生まれ変わることなど、
あり得ません。**

「勝ちパターン」を構成する全要素

　勝ちパターンとは、自分が圧倒的に有利な形にもっていきうまくやる（結果を出す）方法です。

　ここには2つの側面があります。

　ひとつは人や環境や運などが自分に味方してくれるという要素。つまり、自分では完全にコントロールできない外部要因です。

　もうひとつは自分で決めて自分で行動できる要素。つまり「するかしないか」ということから、行動する方法までを含め、自分で完全にコントロールできる内部要因です。

1）外部要因

　外部要因とは、外部環境と言い換えてもよいものです。自分ではコントロールできない要素です。できる限り外部環境を味方につけて、有利な環境下でトレードできるようにもっていくことが重要です。

①チャート分析

　相場を映し出すチャートを分析することです。チャートは自分で動かすことができないので、コントロールすることはできません。

②相場心理を見抜くこと

市場参加者が何を考え、何を感じ、どんな行動をしようとしているのか見抜くことです。

③シナリオ構築

これからの相場の展開を「シナリオ」という形でストーリーにします。「予想」や「予測」との区別が難しい場合もありますが、シナリオは常に変化するという点で、厳密には予想や予測とは一線を画します。

2）内部要因

内部要因とは、自分の行動のことであり、自分でコントロールできる要素です。自分でコントロール可能なので、運や確率で左右されることはありません。どれだけのリスクを取るか、どのようになればエントリーやエグジットを検討し実行するかを自分自身で決めることができます。

①出口戦略

利食いまたは損切りの条件、値幅、タイミングを前もって決めておくことです。これらを決定するに当たっては、相場だけでなく、資金戦略やトレードスタイルなども関係します。

②エントリー判断

エントリーの条件（どのようになったらエントリーを検討するか）、エントリーをするかしないかの判断のことです。自分で決めることができるのでコントロール可能です。

③注文の使い分け

　成行注文と指値注文を自由に使い分けることができます。どちらの注文にするか、また指値の場合はその価格も自由に決められます。注文をキャンセルすることもできます。

④撤退の判断

　出口戦略とは別に、相場状況によって撤退を判断することもできます。ポジションを持ち続けるも撤退するも、自由に決められます。

⑤資金管理（ポジション管理）

　資金管理では、リスクをどの程度許容するか（許容損失額を前もって計算）、リスクに対してリターンをどの程度期待するか、レバレッジやポジションサイズはどうするか、ストップやリミットをどこに置くか、自由に決めることができます。

⑥自己管理（メンタル管理）

　トレードをするのは自分自身です。トレードにかける時間、またトレードするときの時間帯、トレードを休むこと、健康管理、トレード環境を整備すること、ストレスを軽減する工夫などは、自己管理の諸要素です。これも自分自身でコントロールできるものです。

⑦勝率やリスクリワードの最適化

　勝率やリスクリワードは、本来、自分で決めるものではありませんが、リスクリワードを下げることで勝率を上げたり、勝率を下げることでリスクリワードを上げたりすることが可能です。両者は逆相関の関係にあるからです。

　環境だけが味方をしてくれていても、自分が勝てるように行動しな

ければ勝ちパターンにはなりません。逆に、自分は勝てるように行動していても、環境が味方をしてくれないならば、勝ちパターンにはなりません。

　勝ちパターンとは、「相場（チャート）が勝てる展開になっているときに、勝てるような行動をする」ということです。

　多くの人は、テクニカル分析をもとにせっかく勝ちやすいチャートの形を見つけても、エントリー方法や資金管理、そして出口戦略が間違っているために利益を手にすることができません。

　一方で、間違った行動はしていないのにチャート分析ができていない、という場合もあります。

～第4節～
需要と供給から見た勝ちパターン

　需要と供給の原理といえば、経済学では基本中の基本です。相場において も、買い（需要）が大きい通貨は、売り（供給）が大きい通貨 よりも強くなるというのは、ごくごく当たり前のことです。

　需要と供給は、私たちが経済活動をするうえで非常に大事なことで す。そのことについては、誰も否定しないと思います。

　しかし、需要と供給という概念があまりにも「経済学」としての色 彩を濃く持ち、それがそのまま人々の脳裏に強く焼き付いているため、 「経済学を超えた普遍的な原則」だということに気づく人は少ないです。

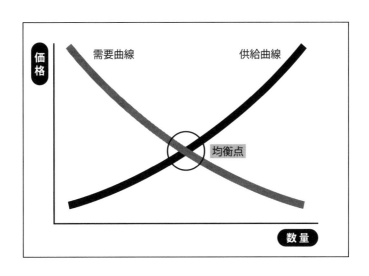

トレードではメンタルやマインドセットという言葉がよく使われます。技術よりもメンタルやマインドのほうが重要だと言われれば、「あぁ、そうなんだな」と納得する人も多いです。

しかし、「なぜ、そうなのか」を論理的に説明できる人はほとんどいません。

また、本来のメンタルやマインドの話からずれて、スキルを学ばなくてもよい「口実」になり果てている例も見受けられます。

メンタルやマインドは「需要と供給というフレームワーク」を使うと上手に説明することができます。

需要とは、以下のことを指します。

```
購買意欲≒買う必要に迫られている状態≒買いたいという感情
                  ↓
                欲しい！
```

供給とは、以下のことを指します。

```
生産量≒売る必要に迫られている状態≒買ってほしいという感情
                  ↓
                いらない！
```

読者のみなさんはエントリーしようとするとき、自分の中の需要と供給のバランス（需給バランス）をコントロールできているでしょうか？　例えば、次のような状態になっていないでしょうか？

◎お金に困っている状態

◎どうしても利益が出なければ困る状態

◎自分はトレード以外に取り柄がないと思っている状態

◎毎月の利益目標を達成しなければならない状態

◎トレードで失敗したらクビになる状態

　上に挙げたような状態を、「需要過多」と言います。「欲しい」が「いらない」を大幅に上回っているからです。

　高くても買わざるを得ない。無理してでもエントリーせざるを得ない。だから、エントリーポイントを選べない。待てない。レバレッジを上げざるを得ない。やめられない……。このような負の連鎖に捉えられてしまう可能性が高くなります。少なくとも、トレーダーにとって、非常に不利な状態であることは確かです。

　これはFXに限った話ではありません。不動産物件を買う場合にしても、消費する場合にしても、供給過多で値下がりしているときや、売りたい人が多くて安く買えるときに買うのがよいに決まっています。でも、それができないのは、

「まだ持っていないから」

「それなしには生活できないから」

「値下がりするまで待つための余力が自分にないから」

「値上がりしたら買いたくなるから」

ではないでしょうか？

　トレーダー自身の中に、金銭的な欠乏（困っている状態、お金が必要な状態）が存在していると、それは「需要が大きい」という状況になってしまうので不利になります。これが、マインドやメンタルの正体の一部分です（もちろん、これだけではありません）。

その日、その月のお金に困っていない、もしくは、トレードをすることにこだわりを持っていない（トレードしてもよいが、別にしなくても困らない）という人の場合には、需要が少ないと言えます。ですから、価値のあるものを安く買えるときにだけ動けます。余計なときには動きません。つまり、相場との交渉が有利になるということです。有利な条件でしか手を出さないし、そもそも、不利なときに手を出す必要もない。だから、おいしいポイントでだけエントリーできるのです。

常に自分に有利な状態に持っていくことが勝ちパターンの一側面とするならば、需給の関係は必ず押さえておくべきことです。

需要が少ないときに買い手に回る。供給が少ないときに売り手に回る。トレードだけでなく、ビジネスでも、婚活でも、これだけで勝ちやすくなります。

蛇足かもしれませんが、「勝てる手法探し」を続けている人は、とてもわかりやすい需要過多なので、供給者（生産者）にすぐに見抜かれてしまい、手法や商材のカモになってしまうリスクが高まります。

そのほか、手法以外の要素で負けている人には、以下の行動・習慣・考え方が共通して見られるのではないでしょうか。

①どの通貨ペアにエントリーしようかといつも考えている
②エントリーチャンスはないだろうかといつも考えている
③ポジションを持ちたいといつも考えている

①～③の行動・習慣・考え方はいずれも、自分がアクションを起こす側、自分が何かの結果を引き寄せる側、自分が何かを得ようとする側です。

言い換えれば、自分の力で利益にしようと思っています。さらに言

えば、自分で相場を何とかできると考えています。自分で相場をコントロールしようとしているとさえ言えるでしょう。

しかし、勝つ人の行動・習慣・考え方は、まったく逆です。相場の都合を何よりも優先することが当たり前の行動になり、習慣になっています。また、そのように考えることを徹底しています。

勝てている人にとって、自分がエントリーしたいかどうかはどうでもよいことです。

いつエントリーできるかということも、どうでもよいことです。

自分がポジションを持つか持たないかということも、どうでもよいことです。

こだわりのある通貨ペアも、好きな通貨ペアもありません。

勝てている人は、自分がエントリーしたくてエントリーするのではなく、相場の側から「さあエントリーしてください」「お願いだからポジションを持ってください」と言ってくれるのを待つ感覚を持っています。

「仕方ないからエントリーしてあげる」というスタンスでポジションを持つことをイメージしてみてください。ポジションを持ちたくて持つのではなく、相場から頼み込まれて仕方ないからポジションを持ってあげる、という感覚です。自分の都合や自分の願いでエントリーしたら、不利になるに決まっています。こちらが求めている（お願いしている）のですから……。

買い物でもそうです。今、それが絶対に必要だとしたら、不利な条件でも（品質が悪かったり、値段が高かったりしても）買わなければならなくなります。

恋愛のパートナーや結婚の相手を探す場合も同じではないでしょうか。今、絶対に相手が必要だと考えている場合、目の前にある選択肢の中から、最善の人を選ぶほかありません。

ここに紹介した話と同じで、相場でエントリーしたいといつも渇望

しながらチャートを注視している人というのは、無意識的に自分が不利になる行動をしていることになります。エントリーしたくてうずうずしている人と、「エントリーしなくてもよい」「別に好きな（思い入れのある）通貨ペアはない」「ポジション持っていなくてもハッピー」と考えている人。どちらがより有利なポジションを持てるのかは、考えるまでもありません。

　「エントリーしなくてもよい」と考えている人は、自分から相場にお願いしてエントリーさせてもらうことはありません。「ここぞ！」というポイントで、相場のほうからその人に懇願して「どうか私を買ってください（売ってください）」となるのを待ちます。そのうえで、「もう、しょうがないなぁ」とポジションを持つ、という流れです。これが勝ちパターンでないと言うなら、何と言うべきでしょうか。

　さらに、特定の通貨ペアだけを凝視するのではなくて、少しの時間でもよいので、できるだけ多くの通貨ペアをチェックしてあげることです。

　私は、ドル、円、ユーロ、ポンド、スイスフラン、豪ドル、カナダドル、NZドルの8通貨のすべての組み合わせである28通貨ペアを毎日確認することをお勧めしています。

　ひとつの通貨ペアのお尻を追いかけるのではなくて、たくさんの通貨ペアと同時におつきあいするのです。

　恋愛や結婚生活では、そんなことは勧められませんが、相場やトレードでは浮気や不倫、大いにけっこうです。選択肢がたくさんあるほうが、優位な立場に立てます。

選択肢がたくさんあるほうが、優位な立場に立てます

特定の通貨ペアにエントリーしたいと思うから、ジーッとチャートを見つめなければならなくなります。でも、そもそも思い入れもなく、エントリーしたいとも思わないならば、チャンスに気づかなくてもよいではないですか。

　相場のほうから「待って！　ここチャンスだから通りすぎないで！」と声を掛けてくれます。そのときに、振り向けばよいのです。これも勝ちパターンです。

~第5節~

トレードを有利にするために 常に「少数派」に回る

　トレードにおいても心理的な需要と供給のバランスが成績（損益）に大きく影響するというお話をしました。

　需要が大きいと、とにかくどんな条件でも手に入れたいという心理が働くため、経済的に不利になる。つまりは、利益になりにくいトレードに手を出してしまうということでした。

　それを避けるにはどうすればよいでしょうか？　ここからは、自分の中に勝ちパターンを確立するためのコアなお話になります。

1）需要を膨らませすぎない仕組みを作る

　需要を膨らませすぎないようにするには、トレードのレバレッジを一定以下に抑えるルールを作り、それを守ることが必要です。

　破産する人の中で、収入が足りなくなって破産する人は稀です。そうではなく、使い過ぎが習慣化してしまうことが多くの原因となっています。

　たくさん使っていたとしても、景気が良いときはそれで回りますが、いったん経済状況に変化が生じてしまうと、収入減に対して支出を減らせないので、お金が足りなくなってしまうのです。

　それ（使い過ぎという悪癖）は、企業でも、国でも同じです。米国のような大量消費型社会かつクレジットカード消費社会では、そのリ

スクが高くなります。リーマンショックの直接的原因となったサブプライムローンの惨状は記憶に新しいところです。

　また、大量に食べることが習慣になっている人は、食事量が少しでも減ると、飢餓感に襲われます。

　いかなる娯楽にも同じことが言えます。娯楽に費やす時間を多く取り過ぎていると、それをやめにくくなります（中毒症状）。

　そうです、消費も飲食も娯楽も、良いか悪いかは別として、すべては一種の中毒症状なのです。

　中毒を避けるためには、やはり「足るを知る」ということなのだと思います。何ごとも満腹を求めるのではなく、ある程度でやめておく、その習慣が大事です。

　ある程度で抑える習慣ができていれば、手に入りにくくなったり、食べられなくなったり、できなくなったりしても、つまり供給が少なくなっても、需要をコントロールしているので対応可できます。

　トレードも同じです。需要をコントロールする最も効果の高い方法は、レバレッジを下げた状態でのトレードを習慣にすることです。

> **需要をコントロールする最も効果の高い方法は、**
> **レバレッジを下げた状態でのトレードを習慣にすること**

　ですから、鹿子木式 10 の勝ちパターンでは、「レバレッジは最大でも 3 倍」と明確にしています。

2）需要を減らす仕組みを作る

　需要を減らすには、あえてデイトレードをしないことです。

　相場は、言うまでもなく、買いと売りの需給で成り立っています。需給の総量（取引高／出来高）が大きければ大きいほど、相場は安定します。

　その需給の総量を増やすために貢献しているのが投機的売買、特にデイトレーダーによる投機的売買です。

　仮に、相場参加者として、実需の買いが100人、デイトレーダーが30人いたとします。

　実需の買いは、実需ですから（投機ではないので）一度しか買いません。しかし、デイトレーダーは投機を繰り返します。

　仮に1人のデイトレーダーが取引を10回繰り返すとすると、以下のようになります。

実需の総量＝1回×100人＝延べ100人
投機の総量＝10回×30人＝延べ300人
合計　実需100＋投機300＝出来高400

　デイトレーダーの投機が実需を大きく上回ることになります。これは、デイトレーダーが出来高を4倍に増やしてくれている構図です。

　デイトレーダーたちが売りをたくさん回してくれているおかげで、買いたい人はすぐに買えるわけですし（デイトレの売りにぶつけられる）、売りたい人もすぐに売れます（デイトレの買いにぶつけられる）。

　しかし、実需のみの相場で、仮に買う人しかいなかった場合（実際は決済が必要なのでそうはならないのですが）、買いたくてもなかなか買えない可能性が高くなります。

　このような状況を考えると、デイトレードをする人は、相場の成立

に貢献してくれている重要なプレイヤーと言えます。

　しかし、デイトレードは買いと売りを最大限回転させるため、彼ら自身はトレードすることそのものへの需要を高め過ぎます。そのため、ほんの一部の凄腕トレーダー以外は、なかなか自分の利益をとれません。

　しかもトレードすることから抜け出しにくくなるため、需要過多、供給が追い付かない（利益が追い付かない）という悪循環に陥りやすくなります。

　デイトレードのような不利なことは他人に任せて、自分はデイトレードせず、その人たちが作ってくれる出来高という恩恵だけ受けていればよいという考え方はどうでしょうか？

3）需要を吸収できる仕組みを作る

　上記の2つだけではリスクヘッジとしてはまだ完全ではありません。常に勝てるとは限りませんし、「出来心」という誘惑に陥ることもあるかもしれません。

　そこで、トレード以外で需要を吸収できる仕組みを持つことが重要になってきます。具体的には、専業ではなく、副業でトレードをするという選択です。

　私と同年代以上の方は、1993〜94年に起こった「平成の米騒動」を覚えておられるでしょう。新型コロナウイルス感染拡大による「マスク騒動」は本稿執筆時点ではまだ収まっていませんが、それと似たような状況でした。

　記録的な冷夏による不作と、日本政府の減反政策の強化が重なって作況指数が74となり（90が著しい不良水準）、国内消費に必要な米が200万トン以上不足してしまいました。

政府はタイ米やカリフォルニア米、中国米などの外国米の輸入で乗り切ろうとしましたが、特にタイ米は不人気で、米が不足しているのにもかかわらず廃棄処分されるという、非常に残念なことが起こりました。

　当時は日本国民全体に、「おいしい米が食べたい」という感情が広がっていました。しかし、"おいしい"ブランド米は冷害に弱かったのです。

　今思えば贅沢病だと思いますが、多くの日本人にはタイ米が口に合いませんでした。その結果、需要過多となったブランド米は店頭から消え、売り惜しみや買い占めなども発生しました。

　このように、ひとつの物だけに依存していると（＝日本人の口に合うジャポニカ米しか食べられないと）、いざ供給不足が発生したときに困ります。他の物では代替できませんから、そのひとつが崩れてしまうと、何もなくなってしまうのです。

米がない？　　それでは豆を。

豆もない？　　それではイモを。

イモもない？　　それでは他のものを。

　米だけでなく、他のものでもお腹を満たせます。つまり、需要に対して応えられる供給源を多数持っておくことです。

　トレードでは、これが副業トレーダーの強みだと私は考えています。トレードでの利益が足りなくても他の収入で補える仕組み、トレードが仮にマイナスになっても他の収入から補填できる仕組み。トレードが逆に他の収入を助ける仕組み。

　そういった仕組みがあると、精神的にも余裕が生じ、実際にどんなときにも困りにくくなります。結果的に、好循環になります。

　これが副業でトレードするということの意味です。本当に覚悟のある人以外は、専業トレーダーになることは勧められません。

~第6節~
サラリーマンの勝ちパターンと
専業トレーダーの勝ちパターン

1）サラリーマントレーダーの勝ちパターン

　専業トレーダーは、トレードだけ、あるいは投資だけという収益形態のため、家計収支のリスクコントロールが難しくなります。

　そのため、私は特別の事情でもない限り、仕事をしながら投資やトレードをする、いわゆる「兼業FX」をお勧めしています。

　個人的には「仕事」「副業」「投資」の三位一体が理想と考えています。この形をとることで、将来にわたって安定した収入源を得ることに加え、安定だけでなく規模を増加・増大させることも可能になります。

> **「仕事」「副業」「投資」の三位一体が理想**

　サラリーマントレーダーとしては、トレードだけで生活できるようになることが目的ではなく、トレードで収益を獲得し続けて、収入を増やし、資産を増やすことが目的です。ですから、仕事をしながらトレードで成功するためにはどのような状態をつくり出すべきか、というところから出発します。

　具体的には、以下の状態になるのが、サラリーマントレーダーの勝

ちパターンです。

①生活がトレードに依存していない
②本業の仕事によってトレード成績が左右されていない
③トレードが仕事や生活にプラスに働いている

　上記の３つを実現するためには、まず、トレードよりも本業の仕事の成功に時間と情熱を注ぐことです。

　次に、仕事が忙しくても継続可能な、短時間で完結するトレードスタイルを確立することです。そして、トレード収益を仕事のボーナスと受け止めて、少しでも利益になれば満足することです。

2）専業トレーダーの勝ちパターン

①労働的トレードと、投資的トレードを明確に分ける

　労働的トレードとは、日々のルーチンワークを意味します。　日足でも、４時間足や１時間足、あるいは５分足でも構いません。とにかく毎日仕事として取り組んでいるトレードは、不労所得ではないという意識をはっきり持つことです。専業トレーダーのトレード収益は勤労所得である。このことは、意識したほうがよいと思います。

　その労働的トレード以外に、投資的なトレードをするかどうかを考えるのです。不労所得のつもりでトレードに毎日、一生懸命、取り組んでいると、どこかでバランスを崩してしまいます。

②資金管理を厳格に行う

　資金管理ほど曖昧な概念はないと感じる方もいるかと思いますが、ここでいう資金管理とは、以下を指します。

◎エントリー時の損失許容ルール

◎ポジションサイズのルール

◎損切りルール

◎利食いルール

◎口座全体のリスク許容ルール

　兼業／副業トレーダーにとっても資金管理は非常に重要であることは論をまちません。しかし、専業トレーダーでは、兼業や副業のトレーダーとは次元が異なるほど、資金管理は致命的に重要になってきます。

　専業トレーダーは、トレード以外に何もしていません。それゆえに、もしもトレードがギャンブルになってしまうと、人生全部がギャンブルになります。

　会社経営者がギャンブル的なトレードをしても、「ああ、ストレスがたまっているのかな」で済むかもしれませんし、サラリーマンがギャンブル的なトレードをしていても、「給料にだけは手をつけないでくださいね」で何とかなるかもしれません。

　しかし、専業トレーダーがギャンブルトレードにはまってしまうと、文字通り破滅しか待っていません。

③キャッシュを増やすこと

　専業トレーダーには、トレード以外の収入はありません。ですから、サラリーマン以上に、余剰資金を必要とします。

　サラリーマンの場合、「失業しても半年は暮らせるくらいの預金を」と言われることが多いです（それができるかどうかは別として、一般論としてです）。専業トレーダーなら、少なくとも１年分の生活費がキャッシュで必要だと思います。

　もちろん、１カ月分、２カ月分の生活費が一瞬で飛ぶようなトレー

ドをするのは論外です。

　このような地味に見えることをひとつずつ確実に押さえていくのが、勝ちパターンを構築するための方法です。

　手法に関しても同じことが言えます。特別な魔法を求めている人が多いというのは逆にチャンスです。常識的な普通のことをしっかりやっていれば、それだけで魔法を求めている人たちに勝てるのですから。

～第7節～
個人投資家のアドバンテージを
活用して勝ちパターンにする

　私は、個人投資家には、プロディーラーと比べるとはるかに大きなアドバンテージがあると思っています。

　特に、"利益にするタイミングを自分で決められる"ことは、比類なきアドバンテージです。

　利益にするタイミングを自分で決められるということは、多くの人が考える以上に重要なことです。

　毎週締める必要がありませんし、月末で締める必要もありません。自由に中長期でポジションを持つこともできますし、相場の大底を狙って大きな利益にすることも可能です。

　ディーラーのように収益目標やポジションに縛られることなく、自由に取引できることは、軽視してはならない強みです。

　ディーラーというと、トレードの達人のようなイメージを持っている人も多いかもしれませんが、実際は違うようです。安定して利益にしているディーラーはわずかと聞きます。むしろ、多くのディーラーが損失を出しています。個人投資家がディーラーの真似をしても、何の意味もないことがわかります。

> **個人投資家がディーラーの真似をしても、何の意味もない**

動機という側面から個人投資家とディーラーを比較すると、非常に
興味深いです。

◆ディーラーの動機
◎会社に残ること（クビにされないこと）
◎良い成績を残すこと

◆個人投資家の動機
◎利益にすること
◎資産を増やすこと

　そもそもスタンスが違います。
　ただし、個人投資家にも不利な点はあります。それは「説明責任が
ない」ということです。
　第三者への説明責任や厳しい社内規定がないために、「魔がさして」
取引してしまったり、レバレッジを上げすぎたり（持ち高を大きくし
すぎる）……ということが起こり得ます。
　逆に言うと、他者への説明責任がないことをカバーするためにも、
厳格なトレードルールを作ることが必要になります。
　可能なら、ひとりでトレードするのではなく、トレード仲間との交
流や意見交換の環境を持つことも、とても重要なことだと思います。
いつも独りでいると、理性のコントロールが利かなくなって、魔が差
してしまう人も少なからずいるからです。

～第8節～
利食い／損切りという出口が決まっている。それが勝ちパターン

　出口戦略が大事だとよく言われますが、そのことを肌感覚で理解している人はそう多くないように感じています。

　出会いがあれば別れがある。生まれたら死ぬ。食べたら排泄する。要するに「始まりがあれば終わりがある」ということです。

　私たちは、何か物事を始めるときには終わりを意識していないかもしれませんが、終わりは必ずきます。すべてのことは清算されます。「清算される」。要するに、これが出口です。

　トレードにおいて、多くの人は「儲かりそうだから」という理由でエントリーする（ポジションを持つ）と思います。儲かる場合もある一方、損をする場合もあります。多くの人は、期待や願望だけによってポジションを持つという、自分自身の精神状態や行動に気づいていません。

　出口を決めるだけで、勝ちパターンに近づきます。逆に、出口がないならば、破滅に向かっていくしかありません。前もって出口を定めない金融政策や財政政策も、前もって落としどころを定めない宣戦布告も、破滅を招くのみ。

　出口のないトレードは、あり得ません。出口というと、何か高尚な、難しい、そんなイメージを持つ方もいるかもしれません。

　しかし、出口はこれ以上ないほどシンプルです。それは「利食い」

か、「損切り」の２つだけです。利食い、もしくは損切りのどちらか
が、必ず執行されるのです。それを自覚しているでしょうか？

> **利食い、もしくは損切りのどちらかが、必ず執行されるのです**

　エントリーする前に「これから持つポジションは必ず利食いか損切
りのどちらかになる」と考えていれば、いわゆるコツコツドカンや、
塩漬けなどを避けることができます。

　また、しかるべきタイミングで利食いできなかったばかりに、含み
益を飛ばしてしまうということも減るでしょう。

　多くのトレーダーは、最後には決済する（＝利食いも損切りもする）
ということを明確にしないままポジションを持っています（もちろん
願望はあるでしょうが願望と意思は違います）。ですから、出口を明
確化するだけで勝ちパターンに持っていくことが可能になるのです。

　トレード以外でも、出口を意識するだけで私たちの行動が変わり、
生き方も変わることがあります。

　例えば、食べた後のこと（出口）を意識して食事をしたことがある
でしょうか。食べ物は消化されると、脂肪や筋肉となります。血流
や血圧や血糖値にも影響を与えます。また、胃腸に負荷を与えます。
食べることで精神的な満足が得られることもあれば、食べ過ぎること
で後悔することもあります。

　このように、食べた結果のことを先に考えることができれば、食事
量を抑制できたり、食べ物の選び方も変えることができます。その結
果、健康改善や疾病予防につながり、余命を延ばすことも可能になり
ます。これこそ、健康維持の勝ちパターンではないでしょうか。

私たちは案外、出口を意識せずに行動しているものです。そのことに気づいて出口を意識する習慣をつけるだけで、さまざまな領域で成功を勝ち取ることに近づくと思います。出口に気づけば、私たちの生活は良い方向に変わると思います。

　勝ちパターンと資金管理は切っても切り離せません。

勝ちパターンと資金管理

　前著『FXで勝つための資金管理の技術』では、「トレードとは資金管理のことである」との仮説を立て、それを証明しようと試みました。

　トレードが資金管理であるならば、勝ちパターンも資金管理を抜きにしては語れないはずです。

　詳しくは拙著に譲るとして、ここでは資金管理が勝ちパターンにどのように関係するのか、重要なポイントだけお伝えしたいと思います。

　まず私自身の資金管理における勝ちパターンについてお話ししましょう。以下の３つが私の勝ちパターンです。

1）勝率が証拠金増加率に直接反映するようにする

　勝率が８割でもトータルで負けている人もいれば、勝率４割でもトータルでは勝てている人もいます。

　勝率８割で負けるよりも勝率４割で勝つほうがよいとは思うのですが、勝率５割を割るのは私のスタイルではありません。勝率がトータルの成績に直接反映するようにするのが私の勝ちパターンです。つまり、勝率６割なら結果も利益になる、勝率４割なら結果も損失になる、という素直な形です。

なぜかというと、勝率が低い状態でもトータルで勝つためには、損切り幅を極めて小さくコントロールする必要があり、かつ、利益をしっかり伸ばす必要もあるからです。そこには、精神的負荷や技術的負荷がかかると私は考えています。

それでも勝てる人はそれでよいのですが、私は、例えば勝率6割程度で利益率もほどほどの、という形が最も無理なく実現できるものではないかと考えています。勝率にもリスクリワードにも偏っていないのでバランスが良く、特別な技術がいらないからです。ですから、それが自分の勝ちパターンとなっています。

勝率を素直に結果に反映させるためには、極力、レバレッジを落とすことが重要になります。

仮に勝率9割だとしても、ギャンブル的なハイレバレッジの大勝負をして、10回に1回しか来ない負けのタイミングがその大勝負だった場合、勝率9割など何の意味もなくなります。そうやって、多くの人はトータルで負けていくのです。

統計の数字を正確たらしめるには、母数を増やす必要があります。回数を繰り返す必要があるのです。ですから、たったの一度であっても、ハイレバレッジな取引をしてはいけません。

私のFX口座のトータルのレバレッジは最高3倍、通常は1〜2倍程度に抑えています。1トレードのレバレッジは0.25〜0.5倍程度です。

あとは勝率をどのようにコントロールするかですが、私が考案した「鹿子木式10の勝ちパターン」でいうと、最近8年くらいの平均勝率が6〜7割程度（一部の記録を紛失しているので正確ではありませんが）というデータがあります。その通りにやっていれば少なくとも6割の勝率は平均して確保できるという計算です。

2）1回のトレードの平均利益額を平均損失額よりも大きくする

　勝率を下げすぎないことで、ゆとりをもったロスカットができるようになりますから、負荷が減少します。

　上記のように、利食い1回当たりの利益額が損切り1回当たりの損失額と同額でも、十分利益が積み上がって証拠金が増えていきます。その結果、「利益額が損失額を下回らないようにしつつ、無理に大きなリターンを求めない」という、何の変哲もない資金管理でも大きく勝てるようになります。

　高すぎる勝率を求めない代わりに、負け率を上回る勝率にする（＝勝率5割超）、利食い額が損切り額を少しでも上回っていたら満足する、という平凡な戦略です。これを安定的に継続するだけで、毎年、利益を積み上げていくことができるのです。天才トレーダーではない、私のような平凡なトレーダーでも勝てる勝ちパターンです。

3）チャンスに応じたポジションを持つ

　ここまでに紹介したものだけでも十分すぎるほどの利益になりますが、さらにダメ押しの勝ちパターンにします。言い方を換えると、相場の世界では確実なことなどひとつもないので、何重にもリスクヘッジを掛けておきます。

　最高レバレッジは3倍、通常は1〜2倍程度、1トレード当たりのレバレッジは0.25〜0.5倍程度と言いましたが、毎週、何度かやってくる小さなチャンス（通常の勝ちパターン）では0.25〜0.5倍、年に数回やってくる中くらいのチャンスでは0.5〜1倍、数年に一度の大きなチャンスでは1〜2倍、場合によっては瞬間的に3倍程度までレバレッジを上げます。

　しかし、すでに述べたように、一度で致命傷となるような損失が発

生する取引はしません。仮に20連敗しても市場から撤退しないで済むような損失許容額に抑えます。

　以上が私の資金管理の勝ちパターンです。私のように、読者の皆さんも独自の勝ちパターンを作ることができます。

　勘違いしないでいただきたいのは、これは「ルール」ではないということです。ルールではなく、勝ちパターンです。

　利益に結びつかない行動は、そもそも勝ちパターンではありません。自分のトレードの優位性や得意な展開、自分の性格やライフスタイルなどを考慮して、自分にとって最も有利で勝ちに結びつきやすい資金管理戦略。それが、あなたの資金管理の勝ちパターンです。

　例えば、先述したように、私は勝率が直接結果に反映するように持っていくことを自分の勝ちパターンとしています。これは勝率が50％を下回ることがないという「期待値」があるから決められるのです。

　また、平均利益額が平均損失額を上回るように設定することも、高勝率を求めていないから可能になります。

　チャンスの大きさによってポジションサイズを調整するやり方についても、「無理にレバレッジを上げなくても、レバレッジ1〜2倍でも十分年利30％以上の結果を出すことができる」という期待値がわかっているからできるのです。その結果、ぶれることなく自分の資金管理を淡々と継続することができています。さらに、資金管理を継続することによって、次の年にも同様のパフォーマンスを上げることができるという、正のスパイラルとなります。

　自分の勝ちパターンにはまっているときは、第1章で紹介した異なる分野の3人のプロフェッショナル（稲盛さん、秋元さん、宮崎さん）と同じ状態になります。そもそも負ける気がしないですし（1回たりともトレードで損切りにならないという意味ではなく、年間トータルで毎年利益になるという意味です）、何をやっても成功するような状

態になります。

　「何をやっても成功する」というのは、傲慢になることではありません。「成功しないことには手を出さないし、成功しないやり方は自重するから成功する」というだけのことです。そこを勘違いして、自信過剰に陥り、勝ちパターンから外れた行動をとるようになると、たちまち負のスパイラルに飲み込まれてしまうでしょう。

　「守破離」という言葉を理解するのは本当に難しいです。多くの人がこの言葉を引用したり、わかったふうな解説をしたりしていますが、本当に理解している人がどのくらいいるのだろうかと思います。

　「破って離れる」段階で、自分の勝ちパターンからも離れてしまう人がいます。本質を理解しないで、型だけを真似して習得したつもりになってしまうと、本質という核を持たないがゆえに、その型を破ってしまうと何も残らない……、ということにもなってしまいかねません。

第4章

勝ちパターンの基本的運用法

　再三、お話ししてきたように、勝ちパターン＝手法ではありません。次ページの図を見れば、その違いは一目瞭然でしょう。

　自分に合うやり方を探すという意味で、手法の勉強は、もちろん大切です。でも、「手法だけ勉強してもトレードの技術が上がらない」ということを、今一度、再確認してください。

　勝ちパターンの全体の流れのイメージは次ページの通りです。この流れをしっかり頭の中にたたき込んでください。そして、勝ちパターンと手法の違いも理解してください。

　本書では、5ページでも少し触れたように、**ボリンジャーバンドを使った「鹿子木式勝ちパターン1（調整相場を利益にする勝ちパターン）」**と、**「勝ちパターン2（トレンド相場の初動をとらえる勝ちパターン）」**を紹介します。

　この2つの勝ちパターンは、著者2人が日々のトレードで使っているものであり、かつ、これまで多くのトレーダーが学び、実践している勝ちパターンです。安心して学んでいただければと思います。

【鹿子木式　勝ちパターン】

手法：ボリンジャーバンド ←――――――

世間で注目されているのはこの部分［どんなテクニカル指標（道具）を使うかに目が行きがち］

勝つための行動パターン

【ステップ１：現状確認】
優位性のあるチャートパターン
を確認

＋

【ステップ２：戦略】
シナリオと資金管理戦略
を立てる

＋

【ステップ３：ルールの実行】
エントリー＆エグジット
＆資金管理をルール通りに行う

　勝ちパターンとは、優位性のあるチャートパターンを味方にし、シナリオと資金管理戦略を立て、エントリーからエグジットまでを含めた勝つための行動パターンを指す。ボリンジャーバンド手法は勝ちパターンの道具にすぎない

【ステップ１：現状確認】
優位性のあるチャートパターンの確認

１）チャートを味方につける

　　勝ちパターンの極意のひとつは、チャートを味方につけることにあります。チャートを敵に回せば、勝てるものも勝てなくなります。

　しかし、チャートを自分でコントロールすることはできません。上昇（下落）してほしいと思っても、上昇（下落）させることはできません。

　仮に、チャートが「主」であるならば、私たちは「従」です。チャートに従い続けることでチャートが味方になってくれます。

　だからといって、すべてのチャートに従う必要はありません。私たちは、わかりやすいチャート、おいしそうなチャートだけを主体的に選んで、それに従うことができます。

　自分の味方になってくれそうなポイントでだけトレードするという考え方。それが、鹿子木式勝ちパターンの原点となっています。

２）勝ちパターン１の発生条件

　勝ちパターン１の発生条件は以下の通りです。

●

◆買いの場合

◎下落トレンドのバンドウォーク相場（－１σを終値で下回り続け
　ている相場）がローソク足９本分以上継続しているかどうかを確認

◎－１σを終値で上回ったかどうかを確認

◆売りの場合

◎上昇トレンドのバンドウォーク相場（＋１σを終値で上回り続け
　ている相場）がローソク足９本分以上継続しているかどうかを確認

◎＋１σを終値で下回ったかどうかを確認

●

　どうして、上記の条件が勝ちパターン発生と言えるのか、そのロジ
ックは以下の通りです。

<u>①なぜバンドウォーク相場なのか？</u>

　－１σを下回り続けているということ、＋１σを上回り続けてい
るということは、調整が入らずに、強いトレンドを継続していること
の条件となります。

　ここでのポイントは「調整が入らずに、強いトレンドを継続して
いる」という点です。なぜなら、小さな調整を入れながらトレンドが
進行するということは、適度に押し目買いや戻り売りの機会を作って
いることに加え、利食いの決済が適度に入っているということになる
からです。

　大きな調整が発生する相場というのは、一気に上昇し続けて（下
落し続けて）、その反動で一気に下げる（上げる）相場だからです。

②なぜ9本以上のバンドウォークなのか?

　勝ちパターン1は調整を狙うものです。調整するためには、それ以前に、しっかりしたトレンドが出ていなければなりません。

　ローソク足9本間というのは、本格的なトレンドが出ていた根拠となる、最低限の時間的条件です。

　この「9」という数字。現在、広く使用されているテクニカル指標を考案した先人たちも、特別な意味を置いています。例えば、一目均衡表の転換線は9本間です(一目均衡表が重視する重要な単純基本数値で最も小さい数値が9です)。また、MACDシグナルが9であることはよく知られています。

　ボリンジャーバンドの+1σや-1σは9移動平均線(SMA)と重なることからも、相場の転換には「9」という数値が関係していることは想像できます。

　すべてのメカニズムを解き明かす必要はありません。わかったつもりになるのが一番怖いことです。なぜローソク足8本では足りないのか、9本以上必要なのか、結果に証明してもらうだけで十分です。

　ローソク足8本以下のバンドウォーク相場から±1σのブレイクが起こった場合、明らかに調整が起こる確率が下がりますし、調整幅も小さくなります。これでは勝ちパターンにはなりません。

③なぜ終値で-1σを上回り、終値で+1σを下回らなければならないのか?

　バンドウォークの条件が、終値で-1σを下回り続け、終値で+1σを上回り続けることだからです。

　ローソク足9本以上という一定以上の期間バンドウォークが継続していたのに、それが崩れたということは、少なくとも相場の変化を示します。その変化を捉え、早い段階で調整の方向にポジション取りをするのが勝ちパターン1です。調整が進んでからでは遅く、トレンドが明確に変わってからでも遅いのです。

3) 勝ちパターン2の発生条件

　勝ちパターン2の発生条件は以下の通りです。

●

◆買いの場合
◎レンジ相場のレンジの上限を上昇方向に突破しているかどうか確認
◎センターラインが上向きに変化したかどうか確認
◎＋2σが上向きに変化したかどうか確認

◆売りの場合
◎レンジ相場のレンジの下限を下落方向に突破しているかどうか確認
◎センターラインが下向きに変化したかどうか確認
◎－2σが下向きに変化したかどうか確認

●

　なぜ、上記の条件が勝ちパターン発生と言えるのか、そのロジック
は以下の通りです。

①なぜ、レンジを突破する必要があるのか？
　勝ちパターン2はトレンド相場の初動を捉え、いち早くトレンドで
有利なポジション取りをする勝ちパターンです。
　レンジ相場とトレンド相場という2つの相場で考えるとわかるよう
に、レンジ相場の終了（変化）はトレンド相場の開始を示唆します。
つまり、レンジの上値抵抗線の突破（上昇開始）、下値抵抗線の突破（下

落開始）は明確な合理的サインと言えるのです。

　ダウ理論においても、抵抗線の突破による新しいレンジ価格帯への移行が重視されます。その意味においても、旧来のレンジを突破して相場が新たなステージに移行したことを確認するには、やはりレンジの突破以外にありえません。

　レジスタンスはサポートに変化し、サポートはレジスタンスに変化します。

　レジスタンスを突破してから買うのは、サポートを背にして買うことを意味しますし、サポートを突破して（崩れて）から売るのは、レジスタンスを背にして売ることを意味します。

②なぜ、センターラインが下向きに変化する必要があるのか？

　レンジの突破だけでは不十分だからです。単なるライントレードではなく、ダウ理論の援用でもなく、トレンドが発生する確率の高いところだけでエントリーするのが勝ちパターンです。

　センターラインとは、移動平均線（21SMA）のことです。移動平均線が平行の状態のまま、ローソク足が移動平均線から乖離すると、移動平均線に引き戻される力が働きます。この状態でブレイクアウトを仕掛けると、ダマシとなり、買ったところが天井、売ったところが底になるリスクが高くなります。

　センターラインが上向きになるということは、ローソク足がセンターライン（SMA）から乖離するのではなく、センターラインがサポートとなってローソク足の上昇についていく動きを始めた可能性が高いと読めるわけです。下落の場合も同じように考えます。

③なぜ、買いのときは＋2σが上向きに変化、売りのときは－2σが下向きに変化しなければならないのか？

　「センターラインだけではなぜダメなのか？」ということにも明確

な理由があります。

センターラインの向きの変化はたしかに相場の変化に同調することを示しますが、ボラティリティの変化は示してくれません。

ボリンジャーバンドの優位性のひとつは、バンド幅の縮小や拡大によって、値動きの変動幅（ボラティリティ）の拡大と縮小を測ることができることです。

勝ちパターン2が発生する前まで、レンジ相場が継続していたならば、ボリンジャーバンドのバンド幅は比較的狭くなっています。

トレンド相場は、ボラティリティが高くなる相場です。そうであるならば、センターラインの向きだけで相場の方向を見るのではなく、大きな値動きが始まることを示唆するボリンジャーバンドのバンド幅拡大も見るべきです。買いなら＋2σが上方向、売りなら－2σが下方向に変化するタイミングが重要なのです。

鹿子木式　勝ちパターンを使うときの時間軸について

チャートパターンとしての勝ちパターンは、あらゆる時間軸で実践可能です。

一般的な副業トレーダーが重視する日足や週足はもちろん、長期投資に活用できる月足、より短期の4時間足や1時間足でも使えます。さらには、30分足、15分足、5分足でも使うことができます。

しかし、副業トレーダーにお勧めなのは4時間足以上です。副業トレーダーが5分足を見始めると負けパターンに陥りやすくなりますので、注意してください。

【ステップ２：戦略】
シナリオと資金管理戦略を立てる

　優位性のある勝ちパターンを確認できたら、次はシナリオ（出口戦略：最高の出口と最悪の出口）を構築します。そのシナリオをもとに資金管理戦略を立てていきます。この資金管理の部分は、トレードで勝つための「肝」となります。

　本書は勝ちパターンを解説する書であること、また紙幅の関係上、資金管理の概要までで話を留めます。

　ただし、資金管理は非常に重要なテーマですので、手前味噌になりますが、拙著『ＦＸで勝つための資金管理の技術』などで、しっかり勉強してほしいと思います。資金管理なくして、トレードで成功するのは不可能です。

　資金管理では、以下の７項目（『ＦＸで勝つための資金管理の技術』で、７つのトレード許可証として紹介しているもの）に注目します。

１）トレード許可証①：ストップを置く（出口戦略１）

２）トレード許可証②：平均コストとリスク許容（値幅）を決める

３）トレード許可証③：リミットを決める（出口戦略２）

４）トレード許可証④：リスク許容（金額）を決める

５）トレード許可証⑤：ポジションサイズを決める

６）トレード許可証⑥：リスクリワード・レバレッジを計算する

７）トレード許可証⑦：指値を分散する

それぞれ概要を解説します。

1）トレード許可証①：ストップを置く（出口戦略1）

　ストップは、損失を限定させて撤退する出口戦略のひとつです。エントリーする前に出口を決めておく必要があります。

　大事なことなので繰り返します。エントリーする前に出口を決めてください。ストップを置かないエントリーは、トレードではありません。

2）トレード許可証②：平均コストとリスク許容（値幅）を決める

　納得して買いたい（売りたい）価格を決めます。買いたい（売りたい）価格のことを平均コスト（平均購入価格）と呼びます。単発でエントリーするか、分割でエントリーするかはトレーダーの自由ですが、分割でのエントリーをお勧めしています。平均コストの計算式以下になります。

$$平均コスト＝取引数量の合計÷建玉数量の合計$$

　また、ここで平均コストが決まると、ストップまでのリスク許容（値幅）も決まります。ここで使う計算式は以下の通りです。

$$値幅＝ストップー平均コスト$$

3）トレード許可証③：リミットを決める（出口戦略２）

　リミットとは、利益確定（のシナリオ）のことです。

4）トレード許可証④：リスク許容（金額）を決める

　自分がどれだけのリスクを許容できるか、それを知る必要があります。１回のトレードに晒す最大損失許容金額の設定をします。許容できる金額を自分で決めます。

　釣りに喩えるならば、リスク許容（金額）は「餌（必要経費）」の部分です。魚を獲るために必要ですが、「餌」だけ取られてしまうケースも、もちろんあります。餌だけ取られてしまっても許容できるかどうか。ここがポイントです。許容できないのであれば、無理に釣りをすることはありません。別の捕獲方法を探せばよいだけです。

　相場もこの話と同じです。許容できなければ相場に入る必要はありません。無理に許容する必要もありません。許容できる範囲でエントリーすればよいのです。リスクを晒してまでエントリーする価値があるかないか。今一度、確認します。

5）トレード許可証⑤：ポジションサイズを決める

　トレード許可証②とトレード許可証④から、適正なポジションサイズが算出できます。

　ただし、リスク許容が同じでも、通貨ペアによってポジションサイズが異なる点には注意です。

　なお、以下のように、「円」を含むか、含まないかによって、計算方法は変わってきます。

① 「円」を含む通貨ペア（ドル／円やユーロ／円）の場合

> **ポジションサイズ＝リスク許容（金額）÷ リスク許容（値幅）**

② 「円」を含まない通貨ペア（ユーロ／ドルやポンド／ドル）の場合

> **ポジションサイズ**
> **＝リスク許容（金額）÷リスク許容（値幅）÷決済通貨の対円レート**
>
>   ※決済通貨については、章末のコラムにて紹介

6）トレード許可証⑥：リスクリワードとレバレッジを計算する

　ストップとリミットが決まれば、リスクリワードも決まります。

　リスクリワードの考え方はトレード収益に多大な影響を与えます。リスクリワードを大きくしすぎて、勝率を落とすこともあります。勝率が高くてもリスクリワードが小さくなって、収益を圧迫することもあります。

　平均コストの考え方はもちろんのこと、入口や出口が明確になっていて、かつ、シナリオを構築できているならば、ここで「本当にエントリーしてもよいのかどうか」の最後の確認作業をします。

　具体的には、リスクとリワードを計算し、リスク＜リワードであることをまず確認します。そのうえで、リスクリワードが小さければ（＝リスクのほうが大きければ）、エントリーそのものを断念することがあってもよいと思います。

> リスク：平均コストからストップまでの値幅
> リワード：平均コストからリミットまでの値幅

　また、ポジションサイズが決まると、レバレッジも決まります。レバレッジは借金です。「本当に借金してまでエントリーする価値があるのか？」を再確認してください。なお、レバレッジの計算方法は以下の通りです。

> レバレッジ
> ＝（基軸通貨の対円レート×ポジション数量）÷（有効証拠金）
> レバレッジ＝ 2,500％ ÷証拠金維持率
>
> 　※基軸通貨については、章末のコラムにて紹介

7）トレード許可証⑦：指値を分散する

　ここまで確認したら、初めて注文を出す作業に入ります。トレード許可証②で決めた価格が平均コストになるように分割で注文を出します。このとき、相場シナリオに沿って、分割した指値注文を置くことで売買価格をゾーンとして捉えます。相場が動くであろう価格の通り道に指値を置くイメージです。

～第４節～
【ステップ３：ルールの実行】
エントリー＆エグジット＆資金管理を
ルール通りに行う

本書で紹介する勝ちパターンのルールは、以下の通りです。

１）勝ちパターン１（PT1）の基本ルール

①買いの場合

　◎エントリー：－１σ付近が買いゾーン

　◎ストップ：－２σ、もしくは直近安値の少し下に置く

　◎利食い：・センターラインで半分

　　　　　　・＋１σで４分の１

　　　　　　・＋２σで４分の１（全決済）

　◎ロスカット：終値で－１σを下回った時点

　◎リスク許容：証拠金の0.25％～１％

　◎買値上ストップ移動：最初に利食いした時点

②売りの場合

　◎エントリー：＋１σ付近が売りゾーン

　◎ストップ：＋２σ、もしくは直近高値の少し上に置く

　◎利食い：・センターラインで半分

　　　　　　・－１σで４分の１

　　　　　　・－２σで４分の１（全決済）

◎ロスカット：終値で＋1σを上回った時点

◎リスク許容：証拠金の0.25%〜1%

◎売値下ストップ移動：最初に利食いした時点

2）勝ちパターン2（PT2）の基本ルール

①買いの場合

◎エントリー：センターラインまでが買いゾーン

◎ストップ：−1σ

◎利食い：・高値更新時

　　　　　・−2σが上向きに変化した時点

　　　　　・上位足の節目

　　　　　・PT1売りが発生した時点

◎ロスカット：終値でセンターラインを下回った時点

◎リスク許容：証拠金の0.25%〜1%

◎買値上ストップ移動：最初に利食いした時点

②売りの場合

◎エントリー：センターラインまでが売りゾーン

◎ストップ：＋1σ

◎利食い：・安値更新時

　　　　　・＋2σが下向きに変化した時点

　　　　　・上位足の節目

　　　　　・PT1買いが発生した時点

◎ロスカット：終値でセンターラインを上回った時点

◎リスク許容：証拠金の0.25%〜1%

◎売値下ストップ移動：最初に利食いした時点

以上のように、エントリールール、エグジットルール（利食いと損切り）、資金管理のルール通りに行動していきます。

※補足説明

　本書で言うストップとは、自動（逆指値注文）で損切りを執行してくれる注文方法を指します。ストップロスとも言います。

　また、本書でいうロスカットとは、ストップが約定（最大損失許容金額に到達）する前に、トレーダー自身の判断によって手動（成行）で損切りを執行することを指します。

勝ちパターン1の基本の流れ
~買いの場合~

本節では、勝ちパターン1の買いの流れについて、実例（ユーロ／円の1時間足）を交えて解説します。条件は以下の通りです。

◎証拠金：5,000,000円（500万円）
◎リスク許容：証拠金の1％（50,000円）
◎ユーロ／円のレート：119.100円

勝ちパターン1は「強いトレンドが続いた後の調整」を獲るものです。どの動きを狙った勝ちパターンなのか、今一度、確認してください。

下落トレンドからの反発

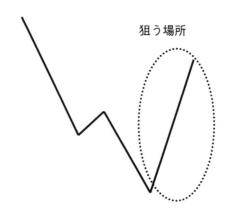

1）現状確認

　勝ちパターンが発生しているかどうかを確認するのが先決です。チャートを見たところ、ボリンジャーバンドの－１σの外側を９本以上バンドウォークしている場面に遭遇しました。その数時間後、図の①の部分のように、－１σを終値で上回ってきました（点線枠部分）。勝ちパターン１（PT1）の買いを検討します。

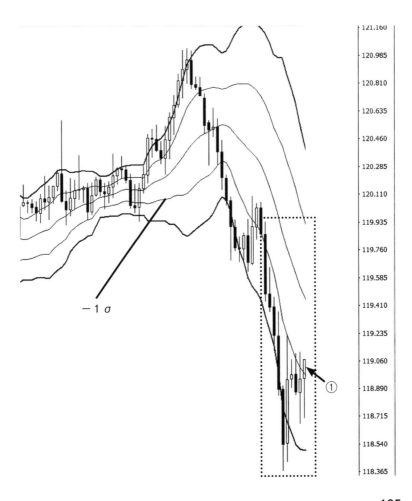

２）戦略を立てる（シナリオと資金管理）

①ストップを決める

　今回の例では、直近安値の少し下の「118.350円」にストップを置きます。

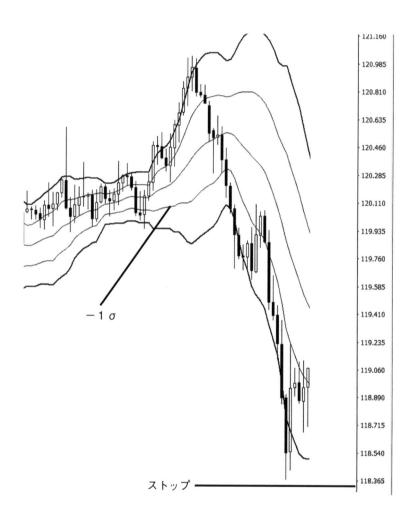

−１σ

ストップ

②平均コストとリスク許容（値幅）を決める

　ボリンジャーバンドの − 1 σ に当たる「119.000 円」を平均コストとします。このときのリスク許容は 65pips です（119.000 円 − 118.350 円）。

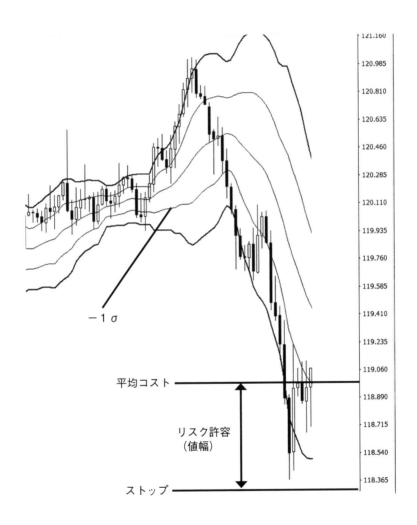

③リミットを決める

　今回は、ボリンジャーバンドのセンターラインと＋１σ、＋２σをリミットとします。

> リミット①：センターライン：119.450 円
> リミット②：＋１σ：119.900 円
> リミット③：＋２σ：120.350 円

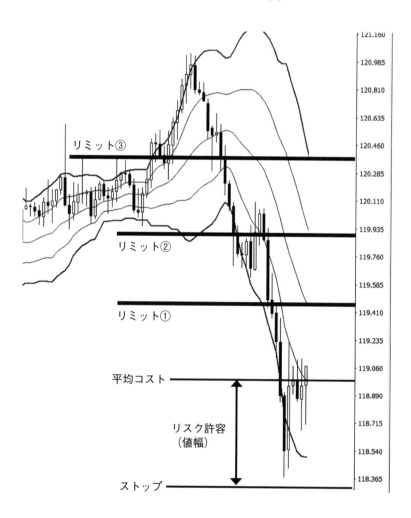

④リスク許容（金額）を決める

　今回は、証拠金 500 万円に対して 1 ％のリスク許容ですので、リスク許容（金額）は 50,000 円です。

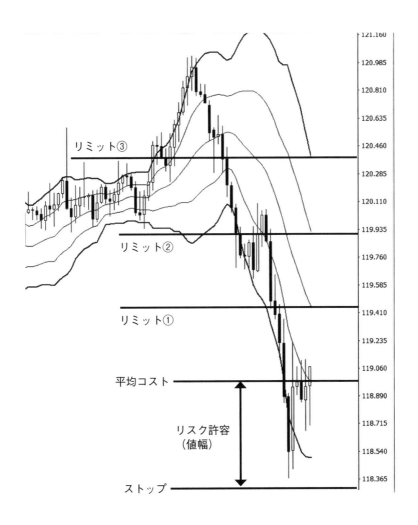

リスク許容（金額）は50,000円

⑤ポジションサイズを決める

　今回は、円を含む通貨ですので、99 ページの計算式［50,000 円（金額）÷ 0.65 円（値幅）＝約 75,000 通貨（76,923 通貨）］から、この事例のポジションサイズは 75,000 通貨とします。

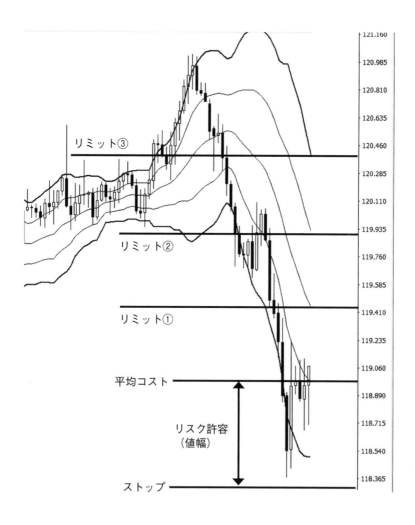

ポジションサイズは75,000通貨

⑥リスクリワード＆レバレッジを計算する

　今回のリスクとリワードは以下の通りです。リワードの平均 ［（リワード①＋リワード②＋リワード③）÷3］がリスクを超えています。つまり、リスク＜リワードです。

リスク：119.000 円－ 118.350 円＝ 0.65 円（65pips）
リワード：
① 119.450 円－ 119.000 円＝ 0.45 円（45pips）　　　リスク＞リワード
② 119.900 円－ 119.000 円＝ 0.90 円（90pips）　　　リスク＜リワード
③ 120.350 円－ 119.000 円＝ 1.350 円（135pips）　　リスク＜リワード

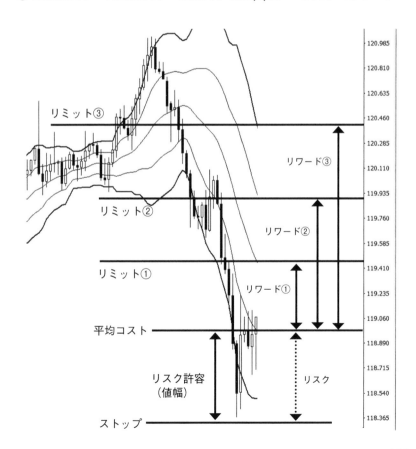

次に、計算式に当てはめて、レバレッジを計算します。

レバレッジ＝（基軸通貨の対円レート×ポジション数量）÷（有効証拠金）＝（119.100円×75,000通貨）÷（5,000,000円）≒1.78倍

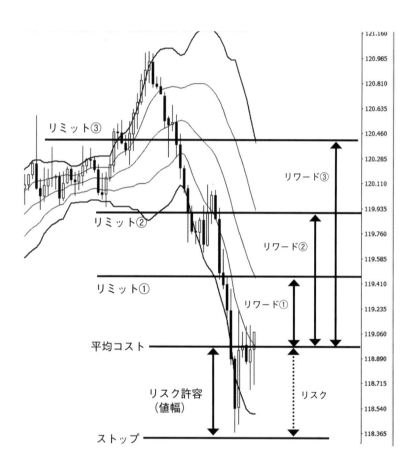

レバレッジは1.78倍

⑦指値注文を分散で入れる

　ロット数の75,000通貨を3等分（75,000÷3）します（何等分するかは、トレーダー自身の判断による）。今回は以下（波線）のようにしてみます。

成行①：119.100円×25,000通貨
指値②：119.000円×25,000通貨
指値③：118.900円×25,000通貨

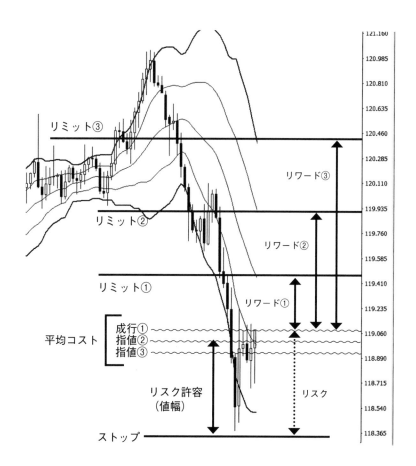

3）ルール通りに行動する

　以下のチャートを見るとわかるように、指値注文はすべて約定しました。この後は、シナリオの変化に対応しながら、利食いか、損切りか、ルール通りに行動していきます。

　次ページを見てください。約定後の動きを見ると、思惑通り、センターラインのリミット、＋1σのリミット、＋2σのリミットまで到達しました。今回は、プラスで終了です。このとき、コストの悪いポジション（高く買ったポジション）から決済していくことをお勧めします。

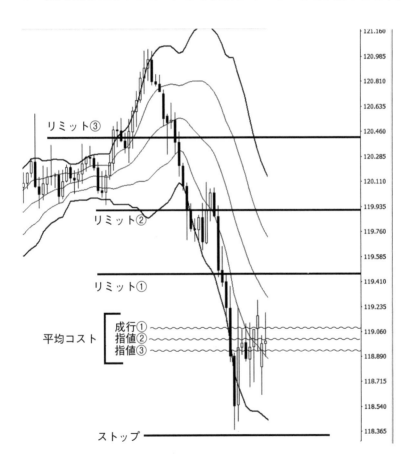

また、最初のリミット到達（最初の利食い）の時点で、ストップを買値平均価格より上に移動させます。これで、その後相場がどのように変動しても勝ちは確定です。あとは、残ったポジションの利益を伸ばしていくだけです。

　もちろん、今回のように、いつもうまくいくとは限りません。思惑とは反対に動いてロスカットするケースもあります。ただ、ロスカットしたとしても、それは許容範囲で収まりますので、トレード結果を引きずる必要はありません。次のチャンスに、淡々とチャレンジするだけです。

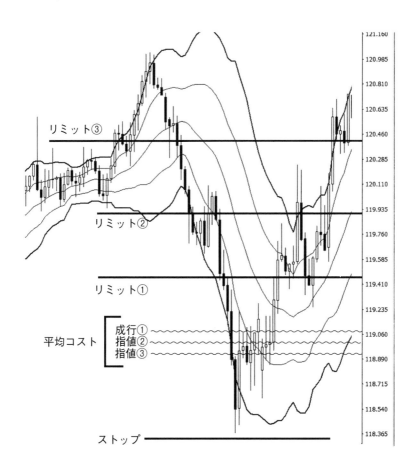

～第6節～
勝ちパターン1の基本の流れ
～売りの場合～

　本節では、勝ちパターン1の売りの流れについて、実例（ユーロ／円の1時間足）を交えて解説します。条件は、以下の通りです。

> ◎証拠金：5,000,000円（500万円）
> ◎リスク許容：証拠金の1％（50,000円）
> ◎ユーロ／円のレート：119.580円

　再三お話ししているように、勝ちパターン1は「強いトレンドが続いた後の調整」を獲るものです。どの動きを狙っているのか、再確認してください。

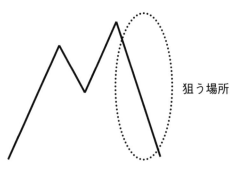

上昇トレンドからの反落

狙う場所

1）現状確認

　まずは、勝ちパターンが発生しているかどうかを確認します。チャート上に、ボリンジャーバンドの＋１σの外側を９本以上バンドウォークしている場面を見つけました。その数時間後、図の①の部分のように、＋１σを終値で下回ってきました。勝ちパターン１（PT1）の売りを検討します。

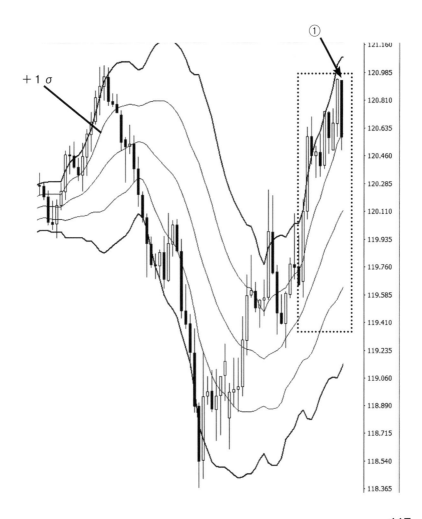

２）戦略を立てる（シナリオと資金管理）

①ストップを決める

　今回の例では、直近高値の少し上の「120.950円」にストップを置きます。

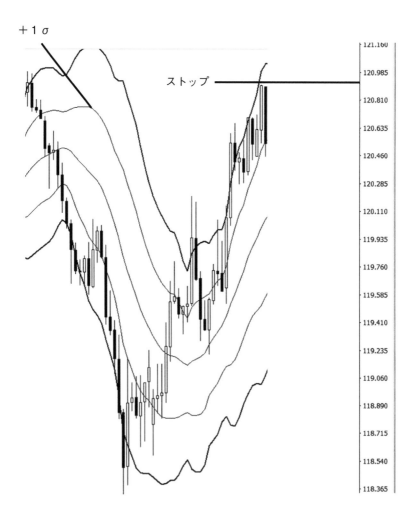

②平均コストとリスク許容（値幅）を決める

　ボリンジャーバンドの＋1σに当たる「120.600円」を平均コストとします。このときのリスク許容は35pipsです（120.950円−120.600円）。

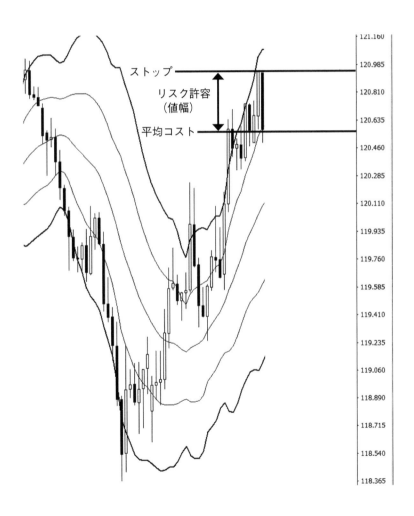

③リミットを決める

　今回は、ボリンジャーバンドのセンターラインと−1σ、−2σ
をリミットとします。

<blockquote>
リミット①：センターライン：120.110円
リミット②：−1σ：119.620円
リミット③：−2σ：119.130円
</blockquote>

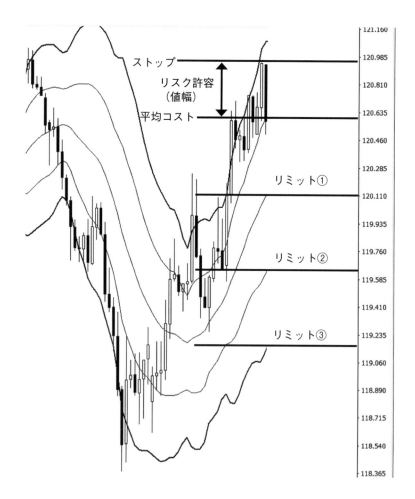

④リスク許容（金額）を決める

　今回は、証拠金 500 万円に対して 1 ％のリスク許容ですので、リスク許容（金額）は 50,000 円です。

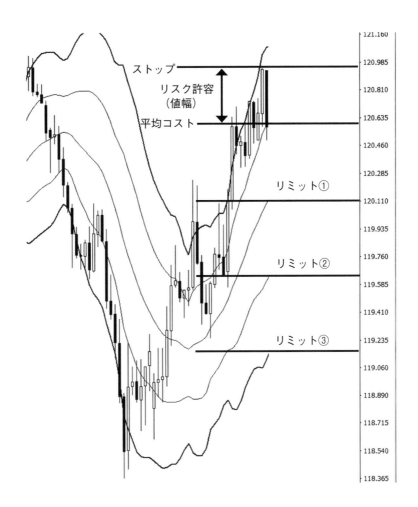

ストップ
リスク許容
（値幅）
平均コスト
リミット①
リミット②
リミット③

121.160
120.985
120.810
120.635
120.460
120.285
120.110
119.935
119.760
119.585
119.410
119.235
119.060
118.890
118.715
118.540
118.365

リスク許容（金額）は50,000円

⑤ポジションサイズを決める

　99ページの計算式［50,000円（金額）÷0.35円（値幅）＝約141,000通貨（142,857通貨）］から、この事例のポジションサイズは141,000通貨とします。

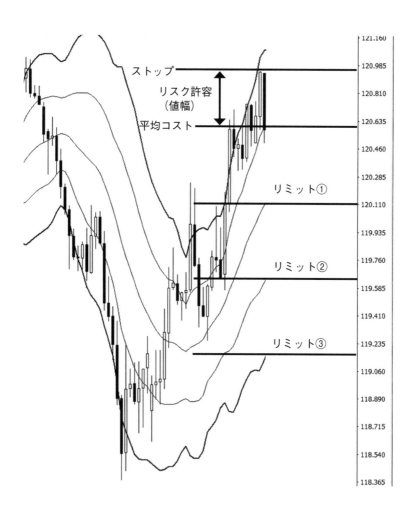

ポジションサイズは141,000通貨

⑥リスクリワード＆レバレッジを計算する

　今回のリスクとリワードは以下の通りです。リワードがリスクを超えています。つまり、リスク＜リワードです。

リスク：120.950円－120.600円＝0.35円（35pips）
リワード：
① 120.600円－120.110円＝0.49円（49pips）　リスク＜リワード
② 120.600円－119.620円＝0.98円（98pips）　リスク＜リワード
③ 120.600円－119.130円＝1.47円（147pips）　リスク＜リワード

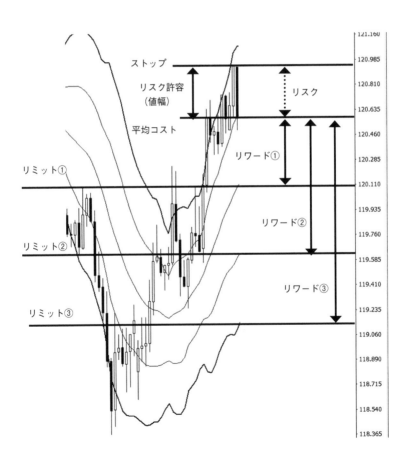

次に、計算式に当てはめて、レバレッジを計算します。

レバレッジ＝（基軸通貨の対円レート×ポジション数量）÷（有効証拠金）＝（119.580 円× 141,000 通貨）÷（5,000,000 円）≒ 3.37 倍

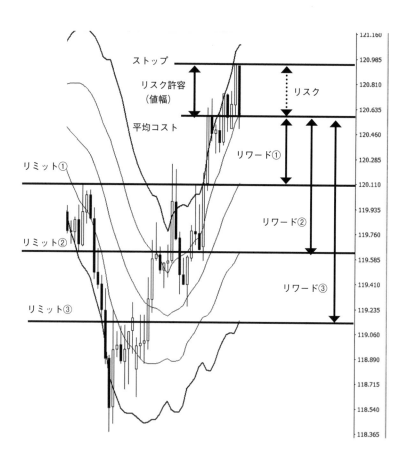

レバレッジは3.37倍

⑦指値注文を分散で入れる

ロット数の141,000通貨を3等分（141,000通貨 ÷ 3 = 47,000通貨）します。今回は以下（波線）のようにしてみます。

成行①：120.580円× 47,000通貨

指値②：120.600円× 47,000通貨

指値③：120.620円× 47,000通貨

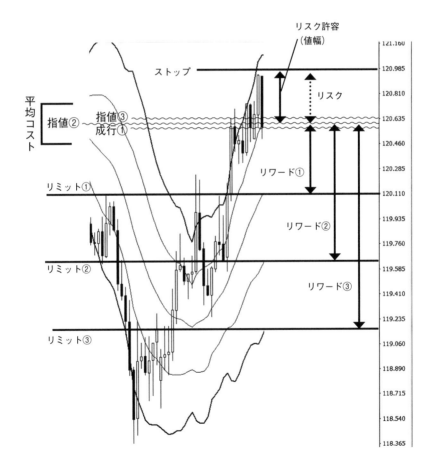

3) ルール通りに行動する

　チャートを見るとわかるように、指値注文②と③は約定しませんで
した。その後の動きを見ると、思惑通り、センターラインのリミット、
－1σのリミット、－2σのリミットまで到達しました。
　最初のリミット到達（最初の利食い）の時点で、ストップを売値
平均価格より下に移動させます。これで、その後相場がどのように変
動しても勝ちは確定です。あとは、残ったポジションの利益を伸ばし
ていくだけです。

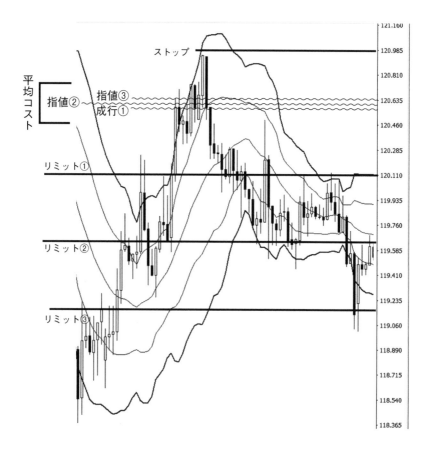

本節では、勝ちパターン2の買いの流れについて、実例（NZドル／ドルの4時間足）を交えて解説します。条件は以下の通りです。

◎証拠金：5,000,000円（500万円）

◎リスク許容：証拠金の1％（50,000円）

◎ NZドル／円のレート：70.660円

◎ドル／円のレート：109.681円

勝ちパターン2は「トレンド相場発生の初動」に乗るものです。どの動きを狙った勝ちパターンなのか、今一度、確認してください。

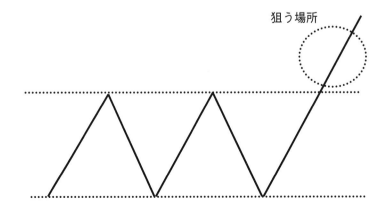

1） 現状確認

　勝ちパターン１と同様に、まずは勝ちパターンが発生しているかどうかを確認します。チャートを見たところ、レンジ相場のレンジの上限（上値抵抗線＝レジスタンス）を終値で突破（ブレイク）している場面に遭遇していました（点線枠部分）。勝ちパターン２（PT2）の買いを検討します。

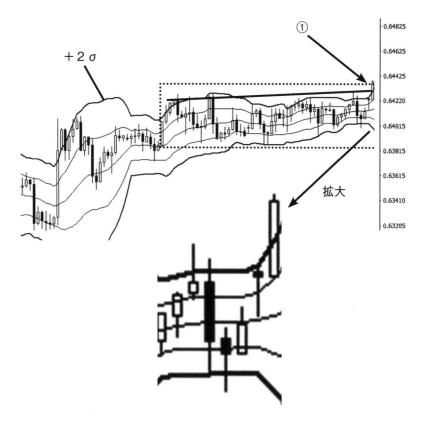

①でレンジの上限をブレイク。ボリンジャーバンドのセンターラインも、＋２σも上を向き始めている。

２）戦略を立てる（シナリオと資金管理）

①ストップを決める

　今回の例では、ボリンジャーバンドの－１σに当たる「0.64160 ドル」
をストップとします。

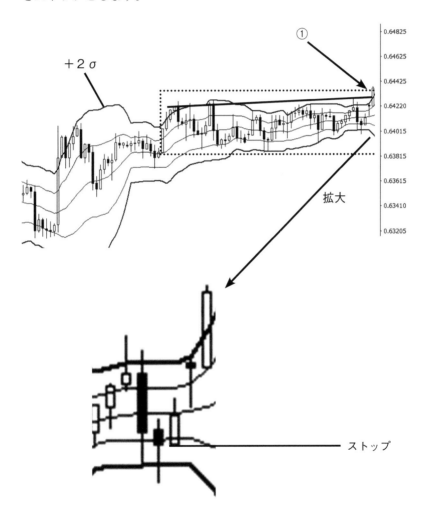

②平均コストとリスク許容（値幅）の決定

　ローソク足終値の「0.64417 ドル」を平均コストとします。このときのリスク許容は 25.7pips（0.64417 ドル − 0.64160 ドル）です。

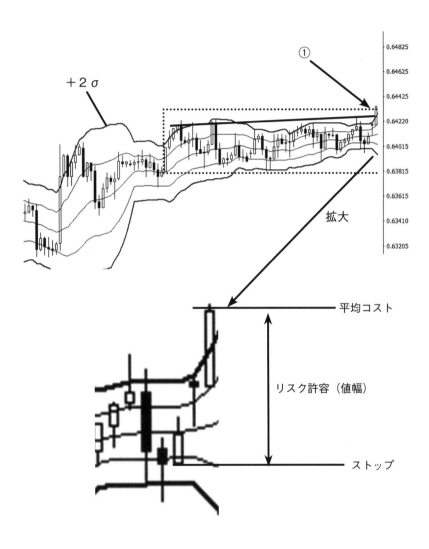

③リミットを決める

　今回は、リスクの約5倍の値幅である 0.65700 ドルをリミットとします。

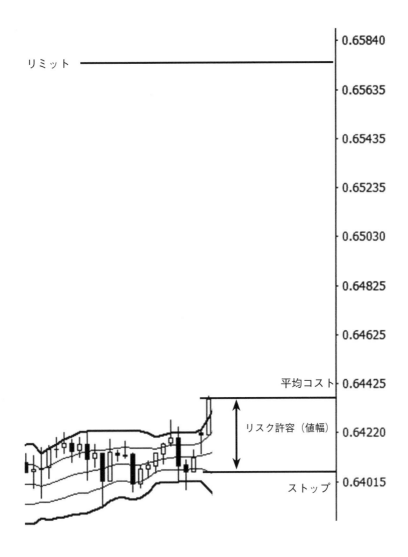

④リスク許容（金額）を決める

　今回は、証拠金500万円に対して1％のリスク許容ですので、リスク許容（金額）は50,000円です。

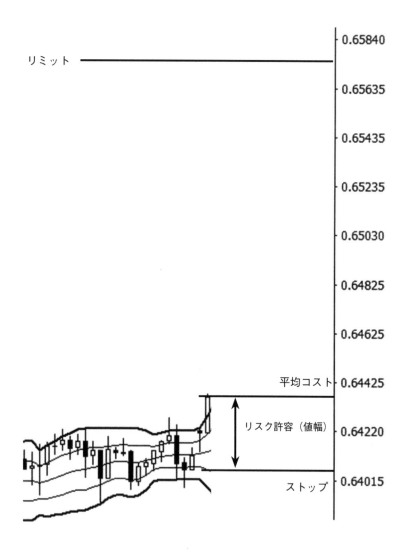

リスク許容（金額）は50,000円

⑤ポジションサイズを決める

　今回は、円を含まない通貨ですので、99ページの計算式［50,000円（金額）÷ 0.00257 ドル（値幅 25.7pips）÷109.681 円（ドル／円のレート）＝約 170,000 通貨（177,380 通貨）］から、この事例のポジションサイズは 170,000 通貨とします。

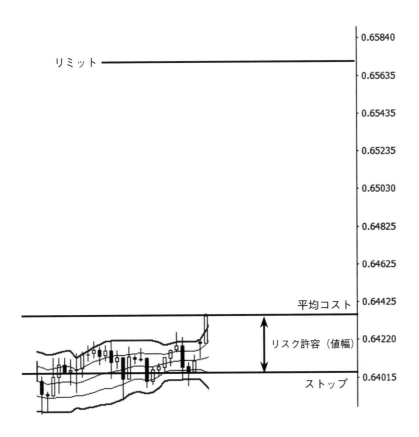

ポジションサイズは170,000通貨

⑥リスクリワード＆レバレッジを計算する

　今回のリスクとリワードは以下の通りです。リワードがリスクを超えています。つまり、リスク＜リワードです。

リスク：0.64417 ドルー 0.64160 ドル＝ 0.00257 ドル（25.7pips）
リワード：0.65700 ドルー 0.64417 ドル＝ 0.01283 ドル（128.3pips）

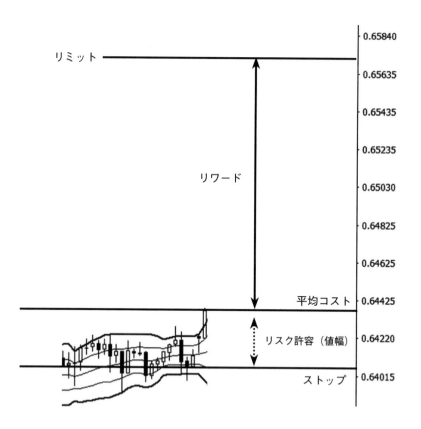

次に、計算式に当てはめて、レバレッジを計算します。

レバレッジ＝（基軸通貨の対円レート×ポジション数量）÷（有効証拠金）＝（70.660円×170,000通貨）÷（5,000,000円）≒2.4倍

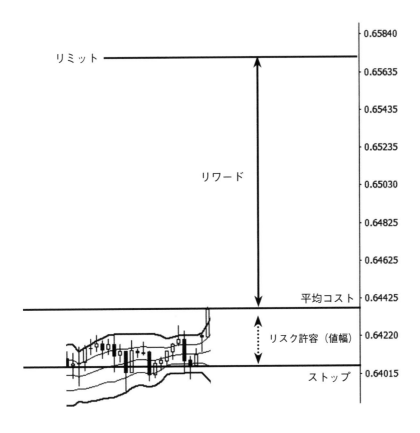

レバレッジは2.4倍

⑦成行で発注する

　今回は、レンジ相場の値幅が小さく、ストップの－1σ まで25pips程度しかないので、成行注文のみで発注しました（指値を使って分散するかどうかは、トレーダー自身の判断による）。今回は以下のようにしてみます。

成行　0.64417 ドル× 170,000 通貨

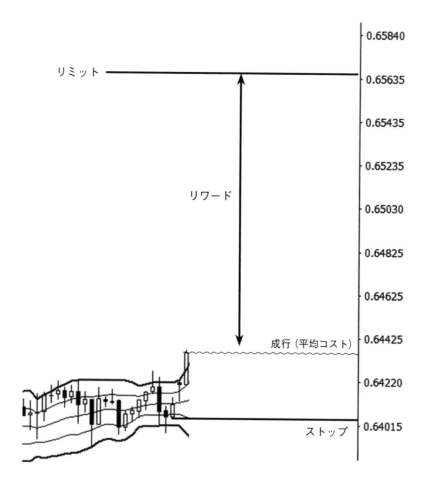

3) ルール通りに行動する

　チャートを見るとわかるように、勝ちパターン2（買い）発生後、すぐに上昇を開始しました。どこまで上昇するかはわかりませんが、まずは含み益が生じた時点で、利益を実現して逃げる「勝ちゲーム」にすることを考えます。

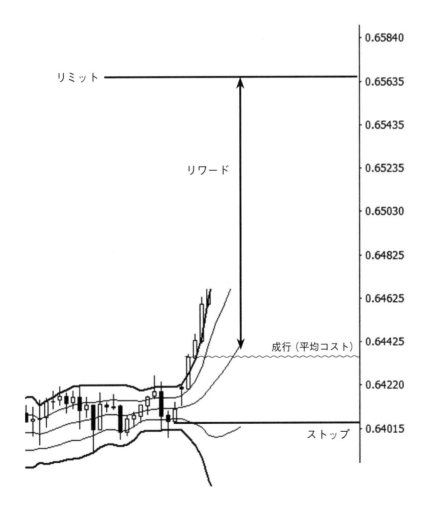

リスク許容の値幅と同程度上昇した段階で、ポジションの一部を利食いして、ストップを買値平均価格より上に移動させます。これで、このトレードの勝ちは決まりです。あとは、残りのポジションの利益をどこまで伸ばせるか、ということだけになります。

　その後の動きを見ると、売り方向の勝ちパターン１が発生したのがわかります。さらに上昇する可能性がありつつも、確実に利益にするために、このポイントを最終出口とします（ここでさらに一部利食いをして、最後のポジションをもっと引っ張るなどはトレーダー個人の判断によります。ただ、その場合もストップを随時上げていき、含み益を守る必要があります）。

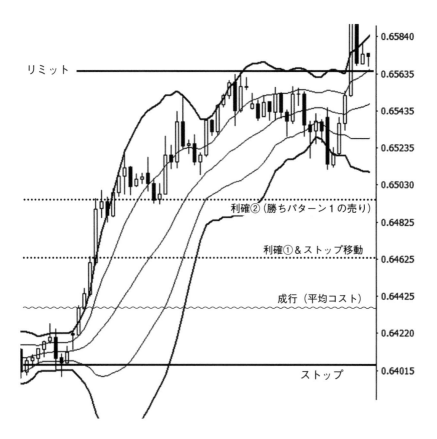

もちろん、今回のように、いつもうまくいくとは限りません。思惑とは反対に動いてロスカットになるケースもあります。

　ただ、ロスカットになったとしても、それは許容範囲で収まります。当初の計画通りですので、トレード結果を引きずる必要はありません。次のチャンスが来たときに、いつものようにチャレンジするだけです。

～第8節～
勝ちパターン2の基本の流れ
～売りの場合～

　本節では、勝ちパターン2の売りの流れについて、実例（NZドル／ドルの日足）を交えて解説します。条件は、買いのときと同じく、以下の通りです。

　　◎証拠金：5,000,000円（500万円）
　　◎リスク許容：証拠金の1％（50,000円）
　　◎NZドル／円のレート　77.652円
　　◎ドル／円のレート　108.677円

　繰り返しになりますが、勝ちパターン2は「トレンド相場発生の初動」に乗るものです。どの動きを狙っているのか、再確認してください。

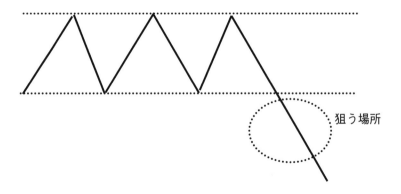

狙う場所

1）現状確認

　勝ちパターンが発生しているかどうかを確認します。チャート上に、レンジ相場のレンジの下限（下値抵抗線＝サポート）を終値で突破（ブレイク）している場面を見つけました（点線枠部分）。勝ちパターン2（PT2）の売りを検討します。

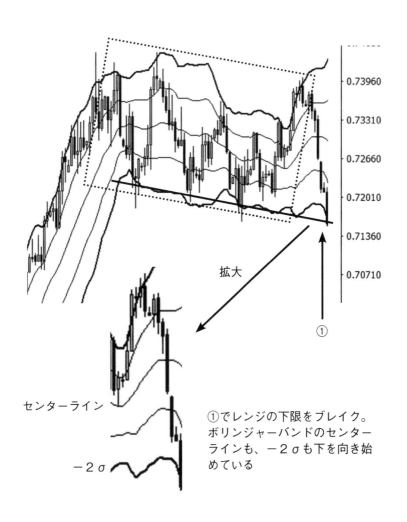

①でレンジの下限をブレイク。ボリンジャーバンドのセンターラインも、－2σも下を向き始めている

2）戦略を立てる（シナリオと資金管理）

①ストップを決める

　今回の例では、ボリンジャーバンドの＋1σに当たる「0.73418ドル」をストップとします。

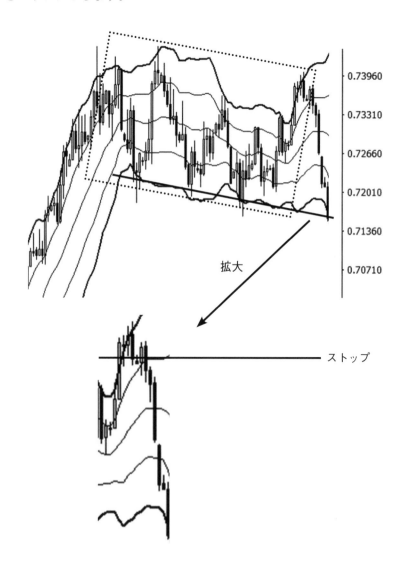

②平均コストとリスク許容（値幅）を決める

平均コストはローソク足終値の「0.71443ドル」より20pips上の「0.71643ドル」とします。このときのリスク許容は177.5pips（0.73418ドル − 0.71643ドル）です。

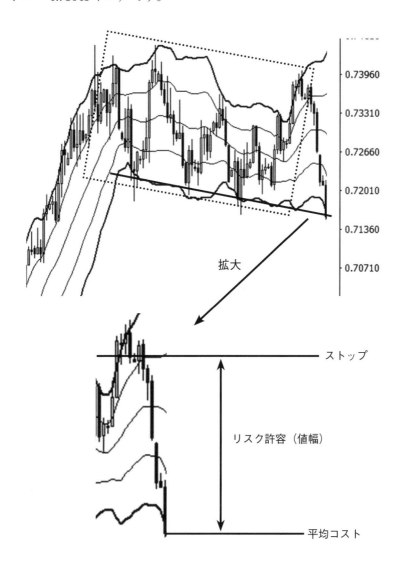

③リミットを決める

　今回は、リスクの約 3.5 倍の値幅である 0.65300 ドルをリミットと
します。

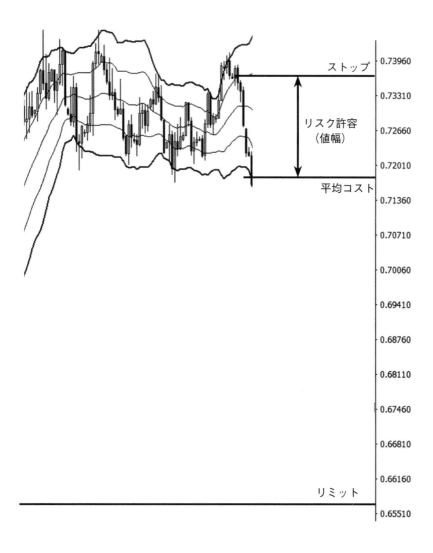

④リスク許容（金額）を決める

　今回は、証拠金500万円に対して1％のリスク許容ですので、リスク許容（金額）は50,000円です。

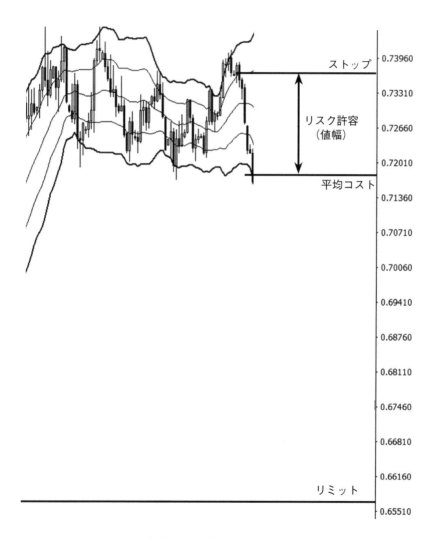

リスク許容（金額）は50,000円

⑤ポジションサイズを決める

　99ページの計算式［50,000円（金額）÷0.01775（値幅177.5pips）÷108.677円（ドル／円のレート）＝約26,000通貨（25,919通貨）］から、この事例のポジションサイズは26,000通貨（※約25,000通貨でも可。トレーダー自身の判断による）とします。

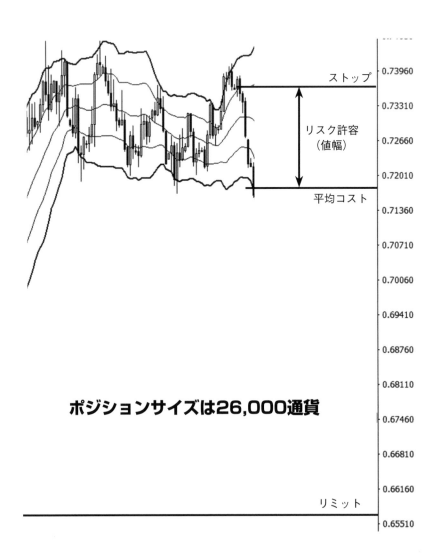

ポジションサイズは26,000通貨

⑥リスクリワード＆レバレッジを計算する

　今回のリスクとリワードは以下の通りです。リワードの平均がリスクを超えています。つまり、リスク＜リワードです。

リスク：0.73418 ドルー 0.71643 ドル＝ 177.5(pips)
リワード：0.71643 ドルー 0.65300 ドル＝ 634.3(pips)

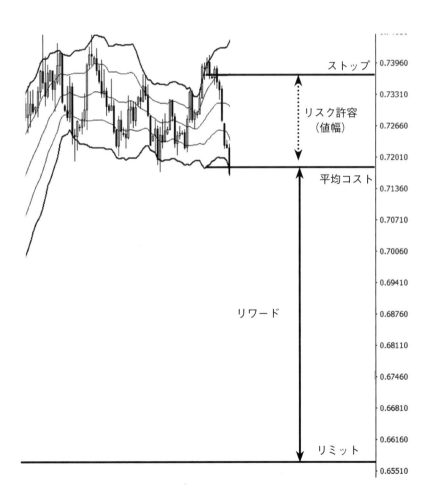

次に、計算式に当てはめて、レバレッジを計算します。

レバレッジ＝（基軸通貨の対円レート×ポジション数量）÷（有効証拠金）＝（77.652 円×26,000）÷（5,000,000 円）≒約 0.4 倍

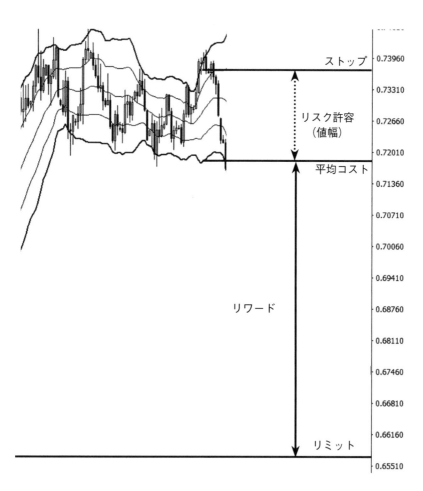

レバレッジは0.4倍

⑦成行注文と指値注文を分散して入れる

ロット数の 26,000 通貨を 2 等分（26,000 ÷ 2 = 13,000）します。
今回は以下のようにしてみます。

成行：0.71443 ドル × 13,000 通貨
指値：0.71843 ドル × 13,000 通貨

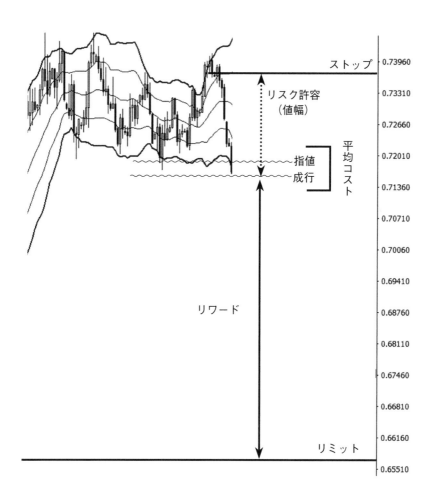

3）ルール通りに行動する

　チャートを見るとわかるように、指値注文は約定せず、成行注文で約定したポジションのみを保有したまま下落しました。どこまで下落するかはわかりませんが、まずは含み益が生じた時点で、利益を実現して逃げる「勝ちゲーム」にすることを考えます。

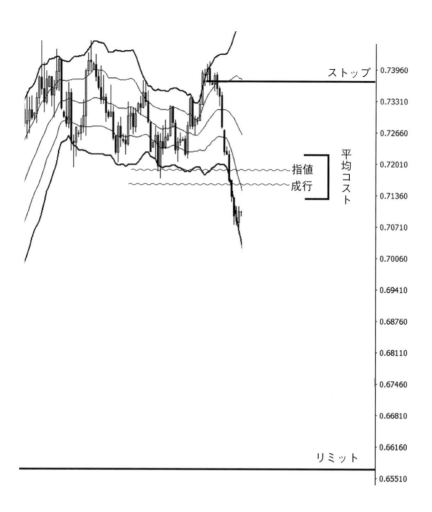

指値注文が約定しなかったことで、ポジションサイズが十分でないと考える場合は、「増し玉」を検討することになりますが、今回は説明の複雑化を避けるため増し玉には触れません。

　リスク許容の値幅と同程度下落した段階で、ポジションの一部を利食いして、ストップを売値平均価格より下に移動させます。これで、このトレードの勝ちは決まりです。あとは、残りのポジションの利益をどこまで伸ばせるか、ということだけになります。

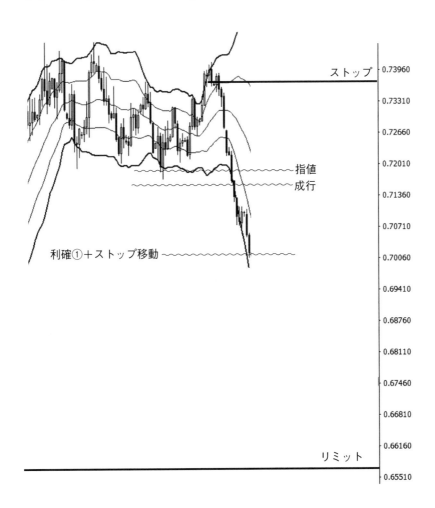

その後の動きを見ると、買い方向の勝ちパターン1が発生したのがわかります（利確②）。さらに下落する可能性がありつつも、確実に利益にするために、このポイントを最終出口とします（ここでさらに一部利食いをして、最後のポジションをもっと引っ張るなどはトレーダー個人の判断によります。ただ、その場合もストップを随時下げていき、含み益を守る必要があります）。

もちろん、今回のように、いつもうまくいくとは限りません。思惑とは反対に動いてロスカットになるケースもあります。ただ、ロスカットになったとしても、許容範囲で収まります。計画通りです。失敗トレードではありません。次のチャンスを狙うだけです。

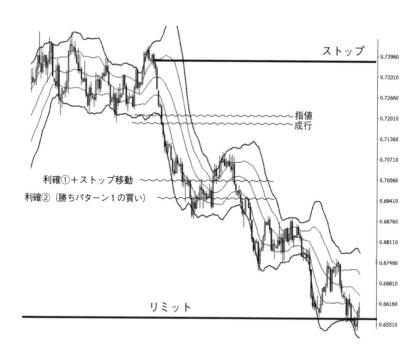

コラム：通貨ペアの「基軸通貨」と「決済通貨」

　普段いつも見ている通貨ペアの表記。ベテラントレーダーでも、その意味を正しく理解していない方がいるようです。

　ここでは通貨ペアの表記についての基本的理解を得ておきましょう。

　例えば、通貨ペアの表記は、通常、「ドル／円」のような形式になっています。

　このとき、「左側に表記される通貨」が基軸通貨となります（ドル／円でいうと、ドルのほう）。レバレッジ、必要証拠金、取引数量は、この基軸通貨の対円レートで計算されます。

　そして、「右側に表記される通貨」が決済通貨となります（ドル／円でいうと、円のほう）。損益は、この決済通貨の対円レートで計算されます（円建口座ということが前提です）。

　ドル円やクロス円のように「円」を含む通貨ペアでの取引の場合、円貨計算は不要です。それ以外の「円」を含まない通貨ペアでの取引に関しては、円貨計算をする必要があります。

　円を含まない通貨ペアの例として、「ポンド／豪ドル」を挙げましょう。この場合、基軸通貨は左側に表記されている「ポンド」です。決済通貨は右側に表記されている「豪ドル」です。

　ポンド／豪ドルを取引するということは、基軸通貨であるポンドを軸に取引することになりますから、ポンドの対円レ

ートであるポンド／円のレートで取引数量やレバレッジが算出されます。

　決済通貨は「豪ドル」です。ただし、損益を「豪ドル」で受け取ることになりますので、円貨計算をする必要があります。つまり「豪ドル」の対円レートである豪ドル／円のレートで損益の計算をすることになります（基軸通貨と決済通貨による資金管理の詳細は前著「FXで勝つための資金管理の技術」参照）。

第5章

勝ちパターン分析の奥義

～第1節～
相場分析とチャート分析と テクニカル分析

　相場（需要と供給のバランスと市場参加者の大衆心理）を可視化したものがチャートです。

　チャート（chart：図、図表、グラフ）は縦軸の『価格』と横軸の『時間』の2つの要素から成り立ちます。私たちトレーダーはチャートに映し出された価格と時間の推移から、これからの値動きを予測しています。

　チャートをさらにわかりやすくするために一定の基準を設けて作られたのがテクニカル指標です。存在するテクニカル指標の多くは、終値をベースに計算し加工されています。したがって、テクニカル指標は実際の相場よりも遅れてチャートに映し出されます。そのため『遅行指標』として捉えることができます。

　代表的なテクニカル指標のひとつとして、単純移動平均線（Simple Moving Average ／ SMA）が挙げられます。

　例えば21日移動平均線。これは過去21日間の平均価格を結んだ線のことです。つまり移動平均線を使ったテクニカル分析は、「過去が現在に影響する」という法則性を指標とし、「現在が未来にも影響を与える」という仮説を立てて分析していることになります。

　さて、トレーダーの関心事はこれからの値動きにあります。未来を

知りたいのです。しかし、私たちは未来を知るために過去から分析しているのです。

　歴史は繰り返すと言われるように、相場も繰り返すものです。これは普遍的な自然界の真理なのでしょう。

　テクニカル分析で大切なことは、過去のチャートパターンかもしれません。しかし、実際はチャートの向こう側にある相場の大衆心理を感じるという点において『現在』に焦点を当てるべきなのです。なぜなら、チャート分析では、常にチャートの右端で判断することになるからです。

　大衆心理で相場が動くならば、過去ではなく、現在の市場参加者の心理を知る必要があります。

　私たちは日常生活で過去の成功体験や失敗体験を思い出したりします。また、未来に期待を抱く人もいれば、不安を抱く人などさまざまです。

　トレードにおいても同様です。甚大なロスカットや華々しい利益確定を経験すると、それは心のどこかに強く残ることでしょう。その記憶がトレードに悪影響を与えることもしばしばあります。

　過去の成功や失敗に焦点を当てすぎると、エントリーやロスカットを躊躇させ、冷静な判断ができなくなるものです。

　一方で、未来に焦点を当て過ぎても同じように弊害があります。過去の失敗を繰り返してしまうのではないかという不安や恐れ、もしくは、一攫千金を狙った過度な期待を抱くことは欲や感情に支配された状態であり、チャート分析からかけ離れたものになってしまいます。

　『現在』の“今この瞬間”に焦点を当てて、テクニカルやチャートの向こう側を見抜くことが相場分析なのです。

　「未来を見抜く」とはいっても、実際、相場はわからないものです。ただ、わからないことを前提にしながらも、有利な相場展開に乗ることはできるようになります。

　鹿子木式勝ちパターン分析では相場を読み解くためにボリンジャーバンドを使用します。ボリンジャーバンドは、以下のように、私たちにさまざまな情報を与えてくれます。

1）終値とσラインとの位置関係で判断する

　ボリンジャーバンドの±1σラインは『トレンドの継続と調整』の分岐点を表します。

　±2σラインは『トレンドの加速と過熱』の分岐点を表します。トレンドレス時には『トレンドの停滞と循環』を示すこともあります。

　そして、センターラインは『トレンドの緩慢と気迷い』の指標となります。

　例えば、終値が＋1σを上回り続けるならばトレンドの継続となります。このときの＋1σはトレンドの継続か調整かの分岐点となります。

　終値が＋2σを上回り続けるならば、このときの＋2σはトレンドの加速か過熱を表します。

終値がセンターラインを上回り続けるならば、このときのセンターラインは緩慢トレンドを意味します。その後、センターラインを下回れば気迷い相場に変化します。

　また、レンジ相場における±2σはトレンドの停滞と循環を意味します。

　このように、鹿子木式10の勝ちパターンは、終値とボリンジャーバンドのσラインとの位置関係で、状況を判断していきます。

【ボリンジャーバンドの各σラインが相場の状態を表す】
±1σ：トレンドの継続と調整の分岐点
±2σ：トレンドの加速と過熱の分岐点
またはトレンドの停滞と循環
センターライン：トレンドの緩慢と気迷い

2）ボリンジャーバンドの形状

　ボリンジャーバンドは視覚的にもわかりやすい情報を発信し続けてくれています。それはその形状です。ボリンジャーバンドの形状がトレンドの状態を表してくれるのです。

　バンド幅を拡大させる初動の値動きや、バンド幅の拡大そのものは、相場のボラティリティを高めると同時に、トレンド発生の可能性も高めます（逆説的に考えるとバンド幅が拡大しない限りトレンドは発生しないことになります）。

　つまり、ボリンジャーバンドの性質上、トレンドが発生するときにはバンド幅の拡大は必ず起こる事象なのです。俗に言う"ダマシ"となることもありますが、トレンドが発生するときにバンド幅の拡大が

伴うことは必然の事象だと心得ておくとよいでしょう。トレンド相場では、その拡大するエネルギーを利用して利益に変えていきます。

一方で、バンド幅が収束していく場面ではトレンドの調整局面と判断できそうです。トレンドの勢いがなくなると、それまで拡大していたバンド幅も収束していきます。

バンド幅の収束はトレンド調整時に必ず起こる事象とも言えます。トレンドの調整局面ではバンド幅が収束するエネルギーを利益に変えていきます。

さらに、バンド幅が完全に収束し平行になったときにはトレンドの停滞時期を表していると言えそうです。

特にボラティリティが落ち着いてくる場面ではレンジ相場を示唆します。バンド幅が平行を保つ局面はレンジ相場における事象とも言えます。ボラティリティが小さくなり、トレンドが停滞し、次のトレンド発生に向けてエネルギーを溜めている状態です。

このエネルギーを溜めたレンジ相場ではバンド幅の拡大、すなわち次のトレンド発生を待つ戦略が得策です。一方で、バンド幅が平行であってもボラティリティが高い（バンド幅が広い）局面ではエネルギーを溜めている状態とは言いがたく、しばらくはレンジトレード戦略が有効になってくるでしょう。

〜バンド幅の特徴〜

拡大：トレンド開始の事象。
　　　ボラティリティが大きくなる（可動域が大きくなる）
収束：トレンドの調整。
　　　ボラティリティが小さくなる（可動域が小さくなる）
平行：レンジ相場の事象。
　　　ボラティリティが落ち着く（一定の範囲）

このように相場には「①トレンド相場」「②調整相場」「③レンジ相場」という３つの状況があります。それらはボリンジャーバンドの性質から起こる事象を確認することで、ある程度までは判断できます。

　さて、ここで改めてトレンドについて考えてみましょう。トレンドの意味を辞書で調べると、以下のような説明が為されています。

> トレンド（trend）とは：動向。傾向。風潮。流行

　トレンドは、その意味からしても、一定期間継続する性格があります。すぐに収束するものはトレンドではありません。

　トレンドで利益を得るためには、やはりできるだけ早い段階でトレンドを察知し、遅すぎないタイミングでトレンドに乗っていく必要があると言えそうです。

　トレンドにいち早く飛び乗るには、トレンドに敏感でなければなりません。ボリンジャーバンドは、まだトレンドが生まれる前の時点から、トレンド発生の兆候を察知させてくれます。

　各σラインはセンターラインとの標準偏差を表しますから、センターラインは偏差０、つまり０σということになります。したがって、センターラインが上向きに変化し、バンド幅が拡大していく局面は、市場がトレンド方向に偏り始めたと捉えることができます。相場は均衡を保とうとするのですが（均衡の原理は 301 ページ参照）、均衡が崩れる局面ではトレンド方向にバイアスが掛かり、エントリーチャンスになります。

上昇トレンドを例にしてみましょう。

トレンドレスの状態から終値が＋2σを上回り、センターラインが上向きに変化し、バンド幅が拡大傾向となれば、それはトレンドの初動を意味し、トレンドが加速しやすい地合いとなります（93ページの勝ちパターン2の買い参照）。

繰り返しになりますが、バンド幅の拡大はトレンド発生時に必ず起こる事象です。

このとき、トレンドに敏感なトレーダーが市場に参入し始め、買いが買いを呼び込むことにつながります。

その後、トレンドが確認されるとバンドウォークが始まり、＋1σがトレンドの継続か調整かを決定づける重要なラインとなります。

＋1σを上回り続ける限りトレンド継続となる反面、ひとたび＋1σを終値で下回ると今度はトレンド調整の合図となります（91ページの勝ちパターン1の売り参照）。つまり＋1σがサポートからレジスタンスに変化します。

勝ちパターン2は、均衡が崩れ、市場がトレンド方向に偏り始めた局面に乗っていくときに発生しやすいのに対し、勝ちパターン1はトレンドが偏り切ったところで発生しやすい現象です。

人気商品の売り上げが好調で、さらに人気が人気を呼び、品薄状態になっても需要が供給を上回り、価格が高騰する中、供給が追いつき、ようやく全員の手に行き渡ったところがピークとなって、トレンドの調整が始まります。

このピークをつける局面がセンターラインと最も乖離した状態です。均衡値から大きく乖離した相場の調整の値動きを利用するトレード戦略が、勝ちパターン1の醍醐味でもあります。

次にレンジ相場の市場心理を例にしてみましょう。

一定期間人気が出たと思えば不人気になり、その後、人気が再燃して、価格が上昇するかと思えば下落するという繰り返し。それがレンジ相場です。

　このように需要と供給のバランスが一定に保たれる期間がある程度続くと、きれいなレンジ相場を形成します。

　需給の変動幅（ボラティリティ）が大きい場合は、レンジトレード戦略が有効となります。

　需給の変動幅（ボラティリティ）が小さい場合、供給者は次なるヒット商品を生み出す戦略を仕掛けてくることでしょう。そこへトレンドに敏感な人が"買う"もしくは"売る"という行動をし始めるところで、レンジ相場からトレンド相場へ移行していきます。

　もちろん、一過性のトレンドとなることも多々ありますし、トレンド発生に至らないこともあります。俗に言う"ダマシ"がそれに当たります。そう考えると、ロングセラーがいかにすごいことかがわかるというものです。

　このように、ボリンジャーバンドの形状は、トレンドの状態を示唆してくれるのです。

3）どの局面で利益にするか？

　次にどのように利益にするかです。私たちトレーダーの関心事は"ここ"にあります。

　それは相場の中でどの時間足のどの期間、どの局面で利益にするかというシナリオを持つことから始まります。

　そのためにはまず、相場が先述した①〜③のどの状態にあるかを判断する必要があります。このとき、時間軸を明確にしておかないと混乱してしまいます。

トレードを難しくしているのは自分自身です。おそらく自分の時間軸が明確でないケースが大半なのではないでしょうか。相場のリズムと自分のリズムを一致させることが重要です。

　本来は相場のリズムに自分を合わせる必要がありますが、実際は自分のライフスタイルに合わせて週足、日足などの時間軸を選ぶことになります。例えば、普段は日足でトレードしているサラリーマントレーダーが、時間があるからといって5分足でデイトレードを始めたとします。おそらく自分のリズムを相場のリズムに合わせることは困難でしょう。

　また、日足では上昇トレンドになっているものの、1時間足では調整局面となっていることもあれば、日足では調整局面となっているけれど、1時間足では上昇トレンドになっていることもあります。

　それぞれの時間軸にはそれぞれの世界があるということです。それぞれの時間軸でトレンド相場だったり、調整相場だったり、レンジ相場だったりするのは当然のことです。日足ではわかりやすい相場でも1時間足ではわかりにくく感じたり、その逆もあったり……。そんなことはいくらでも起こります。

　トータルで利益になっているトレーダーは、わかりにくい相場では手を出しません。ここが一般的に理解されにくいところです。彼らはすべての相場から利益を得ているというわけではないのです。

　トレンドフォローを得意とするトレーダーやレンジトレーディングを得意とするトレーダー、調整相場を得意とするトレーダーたちが存在します。また、月足での中長期投資や、週足や日足でのスイングトレード、4時間足や1時間足でのデイトレード、5分足や1分足でのスキャルピングまで、得意なスタイルは多種多様です。

　勝ち組トレーダーたちには共通点があります。それは、勝ちパター

ンがあることです。そして、利益になりやすいおいしいポイントを知っています。おいしいポイントを知っているので、おいしくなるまで待つことができます。

実際のトレードでは、ほとんどの時間が「待つ」ことに費やされます。エントリーするときもエントリーポイントまで待ちます。エントリー後は利益確定またはロスカットポイントまで待つことになるでしょう。

ところで、このようなトレードにおける待ち時間、私たちはどのように過ごしているでしょうか？

①待つことに忍耐が必要でストレスを感じる
②何の抵抗感もなく待つことができる
③トレード以外にも夢中になれるライフワークがあるため、そもそも待っているという感覚がない

待つことにストレスを感じてエントリーしたポジションは、おそらくエグジットまでずっとストレスを抱えたままで終わるでしょう。
逆に、ストレスなく待つことができれば、ストレスなく利益の方向にポジションを持てるということです。

リスク許容やポジションサイズ、レバレッジといった資金管理の要素も「待つこと」に影響を与えます。自分の許容を超えたリスクやポジションサイズ、レバレッジであるならば、含み損でストレスを抱えるばかりか、含み益にもストレスを感じるようになり、せっかく思惑通りのシナリオでもチキン利食いに終わってしまうことでしょう。
ストレスを軽減できるか、それとも増幅させるかは資金管理次第というわけです。

トレードは待つことばかりで、つまらないものと思われるかもしれません。しかし、相場で待つことができるようになると、面白いように利益が残るものだと考えます。

　相場で失敗している人の多くは、「相場を読めない」ために失敗しているのではありません。「待てない」ために失敗しています。いくらでもチャンスは来ます。だからこそ、利益になりやすいチャートの形からシナリオを立て、資金管理とセットにして行動することが大切なのです。

> ◎相場のリズムに自分を合わせる
> ◎自分の勝ちパターンシナリオがある
> ◎おいしいところまで待つことができる
> ◎資金管理でメンタル管理

勝ちパターン分析の奥義

　勝ちパターンとは小手先のテクニックではなく、永続的に勝ち続けるための「フレームワーク」だとお伝えしてきました。ここからは勝ちパターン分析の基本的な考え方をお伝えしていきます。

1）観察する

　まず勝ちパターン分析の基本は『定期的』に『終値』を観察することです。ただ観察するだけでなく、『定期的』にです。そして『終値』を観察します。エントリーもロスカットも終値で判断することが基本です。このことを忘れないでください。

　ここではあえて『観察』という表現を用いています。『監視』ではありません。

　朝顔の観察の〝観察〟と同語です。小学校での経験を思い出すのではないでしょうか。

　「朝顔を監視しましょう！」などと表現しないと思います。まるで朝顔が自分にとって不利益な行いをするかのような感じがして違和感がありますよね。それに、ずっと監視したところで朝顔の成長の変化を感じることはできないでしょう。

　チャートでも同じことです。パソコンのモニターの前に張り付いて週足や日足のチャートを1日中監視しているようなものです。毎朝、

定期的に朝顔を観察するように、定期的に終値を観察するのです。

　定期的に観察することで相場の『変化』を感じるようになります。
　そして、終値を観察することで『確定した事実』を知ることができます。そこに自分の思いや感情を投影してはいけません。
　自分が見たいものだけしか見ない。そんな色眼鏡をかけてしまうと、目の前で起きている事実を受け止めることができなくなります。しっかりと今この瞬間の相場で起きている事実を受け止める必要があります。

　ザラ場の動きを監視していると、どうしても猫が猫じゃらしに飛びつくかのように反応してしまいがちになります。感情を揺さぶられ、上ヒゲでの高値買いエントリーや、逆に下ヒゲでの安値売りエントリーを繰り返してしまうことにつながります。つまり、感情のボラティリティが大きくなってしまいます。
　しかし、終値で判断できるようになると、ザラ場の動きに振り回されることがなくなります。終値で判断し、指値注文を使うことによって上ヒゲで売ることができたり、下ヒゲで買うことができたりもします。
　このように定期的に観察し、終値で判断することが勝ちパターン分析の基本となります。

　次に主要8通貨であるドル、円、ユーロ、ポンド、スイスフラン、豪ドル、カナダドル、NZドルのそれぞれの相対通貨ペアにあたる28通貨ペアを観察することをお勧めします。
　そうすることによって、各通貨を相対的に分析していることになりますから、通貨ごとの強弱も感じ取ることができるようになるだけでなく、ひいては為替相場の全体像も見えてくるようになります。

	基軸通貨	決済通貨
ドル/円	ドル	円
ユーロ/ドル	ユーロ	ドル
ポンド/ドル	ポンド	ドル
ドル/スイスフラン	ドル	スイスフラン
豪ドル/ドル	豪ドル	ドル
ドル/カナダドル	ドル	カナダドル
NZドル/ドル	NZドル	ドル
ユーロ/円	ユーロ	円
ポンド/円	ポンド	円
スイスフラン/円	スイスフラン	円
豪ドル/円	豪ドル	円
カナダドル/円	カナダドル	円
NZドル/円	NZドル	円
ユーロ/ポンド	ユーロ	ポンド
ユーロ/スイスフラン	ユーロ	スイスフラン
ユーロ/豪ドル	ユーロ	豪ドル
ユーロ/カナダドル	ユーロ	カナダドル
ユーロ/NZドル	ユーロ	NZドル
ポンド/スイスフラン	ポンド	スイスフラン
ポンド/豪ドル	ポンド	豪ドル
ポンド/カナダドル	ポンド	カナダドル
ポンド/NZドル	ポンド	NZドル
豪ドル/スイスフラン	豪ドル	スイスフラン
豪ドル/カナダドル	豪ドル	カナダドル
豪ドル/NZドル	豪ドル	NZドル
カナダドル/スイスフラン	カナダドル	スイスフラン
カナダドル/NZドル	カナダドル	NZドル
NZドル/スイスフラン	NZドル	スイスフラン

『定期的』に観察することで、変化を感じることができる
『終値』を観察することで、確定した事実を知ることができる
『28通貨ペア』を観察することで、相対的に見ることができる

2）トレード時間軸を明確にする

　自身のライフスタイルに合わせて、トレード時間軸を明確にすることを忘れてはなりません。

　トレード時間軸を明確にしておかないと、戦略がブレてしまいます。例えば、日足では「買い」、１時間足では「売り」と判断した場合などがそれに当たります。日足で買い方向でエントリーしているはずなのに、含み損が気になり、いつの間にか１時間足チャートを観察しはじめ、仕舞いには５分足を監視していた、なんてことになってしまいます。

　含み損が怖くなり、買いポジションを手仕舞いして売りエントリーした途端、上昇開始する、というような経験はないでしょうか？　押し目買いや戻り売りといった行動は、上位足の順張りの方向に短期足で逆張りしていることになります。このような場合、より大きな時間足に従うほうが良い結果につながることが多いものです。

　相場は波動です。相場の波に飲み込まれるのではなく、乗りこなすためにより大きな時間足を見ておくことが大切です。

　そして、波の性質を利用してトレードするには指値の活用が効果的です。どこまで戻すかわからないですし、どこまで押すかは誰にもわかりません。相場の流れについていこうと意気込んでいても、相場の動きに振り回されて大きな損失を出してしまうような事態はしばしば出てきます。ですから、最もおいしいポイントに指値注文を置いておくのです。そしてシナリオと違ったらロスカットすればいいのです。

　相場の世界では、日足には日足の世界があり、１時間足には１時間足の世界があります。１時間足だけを見ていてもトレードはできますが、日足という大きな流れを見失うと損失になりかねません。

　もし１時間足のトレンドで利益を得たいのなら、日足を見ることで

1時間足のトレンドに乗りやすくなるでしょう。日足という波動の中に1時間足の波動があるからです。相場は大局に支配されるという考え方ができます。大きな流れには逆らえないということです。

　一方で、相場は短期足から刻々と変化するという考え方も成り立ちます。

◎相場は大局に支配される
◎相場は短期足から刻々と変化する

　双方の考え方が混乱してしまうと、マルチタイムフレームと託^{かこ}つけて、時間足をコロコロと変えて見てしまい、自分のリズムと相場のリズムを合わせることができないが故に、ますます混乱していくことになりかねません。
　自分のリズムを相場に合わせることで、大局を見ながら小さな変化にも気づくことのできるトレーダーが、順張りでも逆張りでもどちらでも利益にしやすいと言えます。

3）チャートの世界にのめり込まない

　最初に「相場はわからない」ということを認めることです。相場は誰にもわからないという前提から出発します。
　わからないからシナリオや資金管理が必要になります。
　わからないならば「見送り」が正解です。出口がわからないというトレーダーをよく耳にします。特に「ストップの位置がわからない」と……。
　出口が見えない相場に入ってはいけません。出口がわからない相場にはエントリーしなければよいのです。

勝ち組トレーダーはすべての相場から利益を得ているわけではありません。1時間かけてチャート分析してもそこに正解があるわけではないですし、10時間かけても時間のムダになることさえあります。

　「相場がわからない」ということは、恥ずかしいことではありません。わからないものはわからない、ということがわかればそれだけでいいのです。

　また、"自分の分析は正しい""勝ちパターンだから絶対上がるはずだ""パーフェクトオーダーだから絶対下がるはずだ"と自分で相場観を決めつけてしまうと、結果的に大きく的を外しやすくなるものです。

> **相場はわからないもの**
> **自分で相場観を決めつけると的を外しやすい**

　勝ちパターン分析時には、ポジションがあるときにはポジションがないような気持ちで、ポジションがないときにはポジションがあるような気持ちで分析してみることです。

　さらに付け加えると、エントリーありきでチャートを見ないことです。"エントリーするぞ！"と意気込んでするものではありません。相場はわからないというところから出発するので、見送りの姿勢が基本です。"エントリーしなければならない"という姿勢は一種の欠乏感からくるものです。

　特に大事なことは、常に「勝ちパターン」を基準にして考えることです。そうすることによって分析時間も短縮され、自分が何を行っているか明確になり、一定の判断ができるようになってきます。

A：勝ちパターンが発生する兆候があるのか？

B：勝ちパターンが発生したのか？

C：勝ちパターンが継続中なのか？

D：勝ちパターンが消滅したのか？

E：勝ちパターンが達成されたのか？

　「A」ならば、勝ちパターンの発生を待ち、観察リストに入れ、「B」ならば、最もおいしいポイント、タイミングを考え、「C」ならば、増し玉を考え、「D」ならば、シナリオを変更してロスカットし、「E」ならば、利益確定する。

　現状の観察から始まり、シナリオ構築から資金管理を含めた一連の行動を実行して初めて勝ちパターンとなります。何度もお話ししていることですが、「勝ちパターン＝テクニカル手法だけではない」ことを、今一度、確認してください。

4）『考える』から『感じる』へ

　勝ちパターン分析のコツがあるとするならば、それは深く考えないことです。分析なのに考えないとはどういうことかと思われるかもしれません。でも、一瞬で判断ができる、チャートの形を見ればすぐわかるのが「勝ちパターン」なのです！

　パターン学習という言葉を聞いたことがあるでしょうか？　まず「パターン」の意味を考えてみましょう。

①型。様式。例）行動の〜

②模様。図案

③洋裁の型紙

それでは、勝ちパターンの意味は何でしょうか。それは、次のことを指します。

勝ちパターン＝成功につながる行動様式。例）自分の〜〜を知る

皆さんも「ワンパターン」という言葉をよく使われると思います。お決まりのパターンといった場面でお約束の意味で使いますよね。

相場にもお決まりの、お約束のパターンがあります。そのパターンを覚えるのです。それが相場におけるパターン学習です。ワンパターンだからつまらないものだと思わないでください。パターン認識こそ最強の相場分析です。

勝ちパターンは「顔認識」と同じです。まったく面識のない人たち同士でも、毎日顔を合わせていれば、自然と名前と顔が一致するようになります。同じ犬種の似たような犬の顔でも、そっくりな双子の赤ちゃんでも、毎日顔を合わせていれば見分けがつくようになります。それぞれに特徴があり、違いがあるからです。これがパターン認識です。

チャートにも表情があります。鹿子木式10の勝ちパターンにもそれぞれに特徴があり、違いがあります。本書では勝ちパターン1と2を扱いますが、チャートを見て勝ちパターン1か2かそれ以外か？と3つに分類して観察する訓練から始めてみてください。

ところで、すでに勝ちパターンを学んでおられる方からよく質問されることがあります。次のような内容です。

「自分で勝ちパターンを見つけることができるようになりました。しかし、いくつかの通貨ペアで勝ちパターンが発生している中で、どの通貨ペアでエントリーすればよいか選び方がわかりません（質問①）。また、通貨ペアの強弱を見分ける方法を知りたいです（質問②）」

　私は分析していて真っ先に目に飛び込んできたチャート、印象に残ったチャート、心にときめいたチャートをピックアップします。そういうチャートは決まって美しい形をしています。パターン化されたわかりやすい形になっているものです。

　そういうチャートを並べてトレード計画のフェーズに入るわけですが、実はもうこの時点ですでにエントリーするための通貨ペアを無意識に自分の中で絞り込んでいることになります。

　訓練されたパターン認識によって一瞬にして高度なフィルターを掛けてしまっているのです。しかも、長考というフィルターを通して絞り込んだエントリー通貨ペアよりも、精度の良いものになってくるものです。私はこれを『ときめきフィルター』と呼んでいます。

　質問①も質問②もこれだけで解決してしまいます。勝ちパターン分析では28通貨ペアを分析するわけですから、とてつもなく時間が掛かると思われるかもしれません。著者の私たち2人の場合、28通貨ペアの勝ちパターン分析に費やす時間は、およそ5〜10分くらいです（月足、週足、日足、4時間足などすべて含めて）。

　わかりにくい相場の地合いでは何も"ときめかない"ですから5分も掛からないでしょう。いくつもの通貨ペアで勝ちパターンが発生していても、すべて見送ることもあります。これは『ときめきフィルター』が作動しているからに他ならないのです。

　ブルース・リーの「Don't think. Feel it！」（考えるな、感じろ！）という名台詞をご存知でしょうか？

もちろん、最初の訓練の中ではロジカルに考えることが必要だと思います。訓練とは、理論と実践の反復です。しかし、実際の現場では理論よりも感覚で動いています。

　FXでいう現場とはチャートの世界のことです。スポーツなどでもよく言われる、「理論よりも体が覚えている」といったものに似ています。バットでボールを打つときに、頭の中で理論を立てながら打つでしょうか？　おそらく無意識に来た球を打ち返すでしょう。

　訓練では理論値と効率を意識して反復します。反復した結果、これまで意識していたものが、無意識で行えるようになります。

　繰り返しになりますが、訓練の段階では理論を正しく理解し、効率的な行動を身に付ける必要がある一方で、大舞台での実際の現場ではそういうわけにはいきません。

　こういう言い方をすると、トレードは天性の才能とか、優れた感覚の持ち主にしかできないのではないかと思われるかもしれませんが、決してそうではありません。私たちには、誰ひとり例外なく、広い無意識の世界があります。

　エントリーありきでチャートを見ず、「基本は見送り」の姿勢でいれば、ストレスなくリラックスした状態が自然体になります。自然体でいるときが『ときめきフィルター』が発動しやすく、トレードで最も結果を出しやすいのです。

　そして、ひとたび自分の勝ちパターンを身に付けると……。あとは、どんな相場が来ても同じことができるようになります。

第6章

勝ちパターントレードの実際

~第 1 節~
ユーロ／スイスフラン　日足

　本節では、鹿子木と伊藤の対話形式で、勝ちパターンによるチャート分析を進めていきます。

1）2019 年 3 月 21 日

伊藤：それでは、実際の相場から勝ちパターンを学んでいきましょう。次ページのチャート（ユーロ／スイスフラン　日足）を見て、鹿子木さんはどのように判断しますか？

鹿子木：一目瞭然だと思います。レンジ相場を下に抜けたように見えます。勝ちパターン 2（以下、PT2 と表記）の売りと判断します。PT2 はトレンドの初動を狙う優位性の高い勝ちパターンです。トレンドが始まった最初の段階でエントリーしてしまえば、勝ちトレード確定のような感覚があります。

伊藤：一目瞭然ということは「ときめきフィルター」が作動しているということですね。PT2 はトレンドの初動に乗るという点がキーワードでしたね。

鹿子木：ボリンジャーバンドの σ ラインに注目してください。センターラインと－２σラインが下向きに変化しました。

伊藤：そうですね。終値確定と同時に確定した事実として、「①レンジの下限を突破した」「②下限を突破したことにより－２σを終値で下回った」「③センターラインが下向きに変化した」「④－２σが下向きに変化した」「⑤－２σの下向きへの変化によりバンド幅が拡大した」などが挙げられます。これは PT2 の条件を満たしていると言えますね。

鹿子木：そうです。トレード初心者の方は、これだけ下落したところから売ることに抵抗を感じることでしょう。"売るのだったらもっと高いところで売ればいいのに"と思われるでしょうね。現時点ではそう思うかもしれませんが、後から見ると"なるほど"と思えるように

なります。PT2は「トレンドがこれから始まる」というストーリーやシナリオを作っていくものです。

伊藤：これならシンプルに判断できそうですね。ストップはどこに置くのでしょうか？

鹿子木:PT2売りの基本ルールとして、ストップは＋1σに置きます。

伊藤：＋1σですか？　ずいぶん遠くに置くのですね！

鹿子木：下落トレンドの初動では、センターラインまで戻してから下落することがしばしばあります。また下落トレンドの定義として「センターラインを終値で下回り続けること（上昇トレンドの場合は、センターラインを終値で上回り続けること）」があります。

伊藤：下落トレンドの初動においては、いったんはセンターラインに向けて上昇してから、勢いをつけて下落しやすいのですね。いわば、下落する勢いをつけるために上昇するイメージでしょうか？

鹿子木：そうだと思います。

伊藤：ジャンプするときに屈伸状態を作るのと似ていますね！　トレンドの初動において、センターラインは跳び箱のロイター板のようなイメージを持ちました。

鹿子木：もちろん、センターラインまで戻さずに下落することや、センターラインを超えてしまうこともあります。こればかりは誰にもわからないことですよね。

伊藤：だから資金管理が重要なことは前著『FX で勝つための資金管理の技術』でお伝えした通りです。仮に、センターラインを終値で上回れば、＋１σに置いたストップの約定を待たずに手動でロスカットですね。リミットはどこに置くのが望ましいでしょうか？

鹿子木：ストップまでの値幅が大きいので、リスクリワードをしっかりと検討する必要があります。強いていうと、週足や月足のσラインや抵抗ラインをターゲットに置くことで、リスクリワードの面でも有利になるでしょう。

伊藤：タイミング次第でリスクリワードが良くなったり、悪くなったりするものですし、リスクリワードは自分で調整するものでもないですよね。エントリー時にストップとリミットのそれぞれの出口を確認しておくことの重要性を改めて感じました。

　次に、エントリー注文はどのようにすればよいでしょうか？

鹿子木：ポジションを確実に持ちたいのか、平均コストを良くしたいのかによって注文方法も異なります。前者なら成行注文の比率を高め、後者であれば、センターラインまで指値注文を出すことになります。

伊藤：PT2 ひとつとっても、資金管理の領域では個人差が出てきますね。

鹿子木：資金管理は本当に重要です。本書では勝ちパターンにフォーカスして優位性や考え方をお伝えできればと思います。

2）2019年3月22日

伊藤：続落しましたね。このときの思考や行動パターンはどのような
ものでしょうか？　利食いしたほうがよいのでしょうか？

鹿子木：チャートは価格と時間の要素から成り立っています。勝ちパ
ターン発生からローソク足1本目（1日目）ということを考えるとま
だ初動だと考えることができます。もちろん手堅く利食いしてもよい
と思います。

伊藤：全決済ではなく分割決済という考え方もありますね。

鹿子木：とてもいいと思います。大きく下落してくれたのでポジショ
ンの一部の利益を確定しておき、さらに＋1σに置いていたストッ

プをセンターラインや−１σまで下げるという思考や行動が生まれ
てきます。

伊藤：ストップを下げていくのですか。手動トレールですね。

鹿子木：そうです。私は自動トレールよりも終値ベースで手動トレー
ルを用いることが多いです。

伊藤：値幅によって機械的にトレールする方法も有効な戦略でしょう
か？

鹿子木：もちろんです。相場の急変時の損失から資金を守るだけでな
く、利益を守る行動が常にできることは重要なことだと思います。自
分に合った方法で利益を守るようにしましょう。

3）2019年3月25日

伊藤：価格はほぼ変わりませんが、上ヒゲを出しました。

鹿子木：どう考えますか？

伊藤：まだ売り圧力が強い相場だと考えます。しかし、ポジションの一部は利食いして利益を確定させたいです。

鹿子木：そうですね。新規買いはリスキーですね。初心者に多いのが、"安いときに買う"ということを鵜呑みにしてしまい、どんな相場状況になっているのかもわからずに買ってしまうことです。

伊藤：値ごろ感で買ってしまうわけですね。158ページで述べたよう

に、この局面の－2σはトレンドの加速を表しているのでしょう。下落トレンドが加速する局面では"下げたら買う"戦略よりも、"上げたら売る"戦略がワークするように思います。

鹿子木：どこまで上げたら売りたいですか？

伊藤：－1σです。

鹿子木：－1σでの売り戦略はおもしろそうですね。

伊藤：指値注文を出して待っていても良さそうだと思います。

鹿子木：指値注文は常に自分に有利なポジションを構築できる便利な注文方法です。

伊藤：約定すればラッキーと思い、約定しなくてもよいと思えるくらいが、ちょうどいいですね。

4）2019 年 3 月 26 日

伊藤：さらに続落しました。レンジブレイクから４本経過しました。
－１σに置いていた指値はキャンセルしておきます。

　逆に買い方の立場だったらどのようにして買うべきでしょうか？

鹿子木：その人の勝ちパターンがあるかどうかだと思います。それが
ないと、たまたまうまくいくこともあるでしょうが、遅かれ早かれ、
どこかで大失敗してしまうのではないでしょうか。

伊藤：やはり勝ちパターンが重要なのですね！　では例えば、下位
足の４時間足で PT1 買いが発生したら買ってみるというのはどうで
しょうか？

鹿子木：それがその人にとって勝ちパターンであって、損失になっても納得のいくものならばOKでしょう。日足PT2で売っている人にとっては新規買いを考えるのではなくて、どこで利食いして出口にしていくかを考えるフェーズに入ってきています。

伊藤：トレード時間軸を明確にしておきたいところですね。

鹿子木：使い方によっては4時間足PT1買い発生で、ポジションの一部を利食いするのもありです。

伊藤：4時間足PT1買いを新規買いではなく、利益確定の買いのきっかけに使うのですね。

鹿子木：そうです。PT1は利食い戦略にも使うことができます。PT1はどんな場面でも使うことのできる汎用性の高いツールだと思います。

5）2019 年 3 月 27 日

伊藤：またまた続落しました。PT2 売り発生から 5 日連続陰線です。トレンドの初動に乗れていたらおいしいですね。含み損を抱える時間もほとんどなかったですね。

鹿子木：買いで立ち向かう場面ではないですね。このチャートだけを見て、そのときの価格が高いか安いかを判断することは当てにならないです。やはり勝ちパターンを基準にした判断が重要になります。28 通貨ペアを分析する中で、似たようなユーロクロス通貨ペアで買いの勝ちパターンが発生していれば、今後、相対的にユーロが買われていく可能性が高まるといった具合です。

伊藤：そうですよね。PT2 売りが発生した時点で勝ちパターン初心

者の方は、こんな安いところから売るの？　と思われたはずです。今思うと全然安くなかったことがわかります。

鹿子木：そう、本当に人間の視覚や感覚はあてにならないものです。

伊藤：しかし、ここから新規売りも怖い場面ですよね。

鹿子木：怖いというのは大衆心理です（笑）。

伊藤：なるほど。ということはまた動き出しそうですね（笑）。

鹿子木：動き出すかどうかはわかりませんが、感覚に頼る相場分析やトレード判断ほど不確実なものはありません。勝ちパターンのみを基準にすることでぶれなくなります。

6）2019 年 3 月 28 日〜 2019 年 3 月 29 日

伊藤：続落しています。このチャートから何を感じますか？

鹿子木：そろそろ買っていた人たちのストップ売り注文と、売り遅れた人たちの新規売り注文が溜まってきているかもしれません。

伊藤：なるほど。チャートの向こう側の市場ではそういったことが起きているのですね。

鹿子木：仮にそうだとすると、市場に溜まった大きな売り玉に、買い玉をぶつけることで、売り玉が減り相場が軽くなるといった可能性もあるでしょう。

伊藤：チャート上では、なかなかそこまでイメージすることは難しいかもしれません。私なら－2σが加速を意味する相場から過熱を意味する相場に変化してきたと考えます。その過熱した状態からセンターラインとの乖離を感じます。相場は均衡を保とうとする力が作用しやすいことを考え、そろそろバンド幅の収束を観測し始めることでしょう。

鹿子木：相場の原理とボリンジャーバンドの性質をよく理解していますね。

伊藤：ただ、ボリンジャーバンドは「遅行指標」です。実際の相場より遅れて反応しましたよね。

鹿子木：ちなみに、ファンダメンタルズは「先行指標」です。チャートが動くよりも先に存在し、相場を作っていく要素がファンダメンタルズですね。

7）2019 年 4 月 1 日

鹿子木：よく見ると＋2σが下向きに変化してきました。これも利食いのタイミングを示すサインのひとつです。

伊藤：これまでずっと終値で－2σを下回り続けていた相場が、ようやく明確に－2σを終値で上回りました。やはり－2σが過熱を意味していたと思います。ただし、下落トレンドは継続中と判断しています。

鹿子木：そうですね。－1σはトレンドの継続か調整開始かの分岐点を表しているのでしたよね。

伊藤：そうです。－1σを下回り続けるかぎり下落トレンド継続に

なります。終値で－１σを上回るとトレンドの調整局面へと相場の地合いは変化しやすいのでしょう。

鹿子木：ということは－１σでの売り戦略は、まだワークしそうですか？

伊藤：ザラ場で－１σに近づく場面ではいったんは売ってみたいですね。スイングトレードでもデイトレードでも、ザラ場でエントリーポイントに引き付けてエントリーすることを大切にしています。そうすると含み損を抱える時間が少なくなり、結果的に時間のコストパフォーマンスが良くなるからです。

鹿子木：なるほど。時間もコストですね。

伊藤：含み損を抱える時間を減らすことは、特に専業トレーダーにとっては大事な考え方だと思います。回転を利かせたトレードがしやすくなるからです。

8）2019年4月2日

伊藤：－1σで指値注文を使って売っていたら、今ごろ、含み益です。
（売りの流れに）乗り遅れた人たちが売りで新規参入するタイミング
だとすれば、ここから踏み上げられるかもしれません。欲張らずに利
益を確定しておきたいところです。

鹿子木：それがいいかもしれません。個人的にはバンドウォークを見
たらPT1発生を待つ戦略を立てます。トレンドはいつか必ず調整す
るからです。

伊藤：乗り遅れ組も大衆心理の一種ですね。トレンドの初動から乗っ
ていたトレーダーたちはすでに利食いを済ませて、新規買いを仕掛け
てきてもおかしくない場面かもしれません。

ただ、しっかりと終値を待って事実を確認したいと思います。

鹿子木：終値で判断することは重要です。

伊藤：なぜ終値で判断することを重視するのでしょうか？

鹿子木：ザラ場で判断してしまうと、相場を測る「ものさしの機能」が働かなくなるからです。相場は当然上昇したり下落したりするので変化がつかみにくいと感じるかもしれません。そこで、一定の条件下で相場の変化を見極めることが必要になってきます。その一定の条件こそ、一定の周期で必ず発生する「終値という基準」なのです。

9）2019年4月3日

伊藤：終値で－１σを上回りました。

鹿子木：勝ちパターン１買い発生です。これでようやく新規買いエントリーができそうです。PT2売りのポジションは文句なしの全決済です。

　市場では売りの玉と買いの玉がぶつかり合っています。その結果を表してくれるのがチャートです。そして、一定の基準を設けて計算したものがテクニカル指標でした。ボリンジャーバンドは見事に大衆心理を教えてくれています。

伊藤：この場合、市場では買いの玉が勝ったことになりますね。－１σは調整を表し、これまでのレジスタンスから、サポートに変化し

たことになります。

鹿子木：十分バンドウォークした相場ですし、調整も大きくなる可能性があります。ストップを直近安値の下に置き、成行注文と－1σ付近での指値注文を組み合わせて買い戦略を立てます。

伊藤：ここで資金管理の登場です。第4章のトレード許可証の手順を参考にしてください。

鹿子木：トレード許可証の手順はぜひ覚えていただきたいですね。

10）2019 年 4 月 4 日

伊藤：わずかに上昇しました。成行注文の比率を多くしていれば利益
が乗っています。

鹿子木：指値注文は、エントリーポイントがまだ遠いときや平均コス
トを良くしたいときに活用するとよいでしょう。

伊藤：PT1 でよく寄せられる質問があります。「指値を分散すること
が多いのですが、利益になるときには、指値が少ししか約定せずにリ
ミットに到達し、損失になるときには、指値が全部約定してストップ
決済となってしまうため、利小損大のトレードになってしまいます」
という内容です。
　この悩みについては、平均コストを改悪すれば収益は改善されると

思います。

鹿子木：どういうことでしょうか？

伊藤：ストップの位置を変えずにリスク許容も同じならば、ポジションを確実に持ったほうが収益率は上がります。ストップ決済になっても損失額は変わらないのに対し、リミット決済時は、計画通りのポジションがあるわけですから、当然、利益は増えます。つまり、意図的に平均コストを悪くすることで、絶対的な保有ポジションを増やすということです。指値注文の約定率が低くて悩んでいる方は、徐々に成行注文の比率を上げていく方法もお勧めです。

鹿子木：まさに勝つための資金管理の技術ですね。

伊藤：そうです。センスや感覚が必要だと言われると打つ手がないですが、「技術」なので、誰でも習得できます。

11）2019年4月5日〜2019年4月9日

伊藤：センターラインに到達しました。

鹿子木：ポジションの半分を利食いします。同時に直近安値の下に置いていたストップを買値上に上げておきます。また、未約定の指値注文があればキャンセルしておきます。

伊藤：利食いとストップ移動をワンセットにするのですね。トレード初心者のころ、ストップを動かしてはいけないという認識でいたのですが、このような使い方もできるとトレードが有利になります。ストップは損失から守るだけでなく、利益をしっかり守るためにもあるのですね。

鹿子木：ストップを相場の方向に動かしていきながら相場についていく行動が、勝っている人たちの共通点です。

伊藤：反対方向に動かす人を時々見かけますが（笑）。

鹿子木：それは負けパターンですね（笑）。

伊藤：ストップはリミットの方向（利食いの方向）に動かすと覚えておきましょう。ストップがリミットから離れていくのは、市場から退場させられる兆候です。

12）2019 年 4 月 10 日〜 2019 年 4 月 11 日

伊藤：＋1σにも到達しました。

鹿子木：ポジションのさらに半分を利食いします。

伊藤：σラインという基準があると利益の確定ポイントがわかりや
すいですね。基準があるから「迷わない」「悩まない」「考えない」と
いうトレードが実現できます。

鹿子木：私たちトレーダーはもともと自由なので、自由にトレードす
ることができるのですが、一定の基準がないと、途端にトレードでき
なくなってしまいます。

伊藤：そうですよね。これは再現性にも関わってきます。一定の基準があると、判断も一定になります。エントリーもエグジットもいつも同じことを繰り返すことができます。

鹿子木：自分のトレード記録を見て、「何でこんなところでエントリーしたのだろう？」と思ったことはありませんか？

伊藤：以前はよくありました。エントリーだけでなくて、エグジットもそうです。「何でこんなところで利食いしたのだろう？」とか、「何でこんなところでロスカットしたのだろう？」と思った経験があります。一定の基準があれば、解決してくれそうです。

鹿子木：逆説的に聞こえるかもしれませんが、基準を作って自分を縛ることで、より自由に行動できるようになるのでしょう。

13） 2019 年 4 月 12 日～4 月 16 日

伊藤： ＋ 2 σにも到達しました。

鹿子木：PT1 買いの最終ターゲット到達です。全決済です。

伊藤：PT2 売りから PT1 買いまで流れるようなトレードでしたね。

鹿子木：誰がやっても同じことができる点が重要です。

伊藤：再現性ですね。勝ちパターンは顔認識だということがよくわか
りました。PT2 売りも PT1 買いも一目瞭然でしたね。

鹿子木：そうですね。これを、過去チャートを振り返って後出しで理

解するだけでなく、チャートの右端において自分で判断し、行動もできるようになると、結果は自ずとついてきます。

　チャートの右端で判断できないのは、過去チャートの振り返りが足りないからです。過去チャートを十分に見て、同じパターンが繰り返されることを経験すれば、チャートの右端で「未来が見えないとき」でも心の目で相場の続きを思い描くことができるようになります。

伊藤：それがシナリオですね。

鹿子木：そうです。シナリオの重要性はどんなに強調してもしすぎることはありません。エントリーしようとする前にシナリオを描けないようでは、エントリーすべきではありません。

～第2節～
ユーロ／カナダドル　日足

　ここでは通常の叙述形式で、勝ちパターンによるチャート分析を進めていきます。

1）2019年6月18日

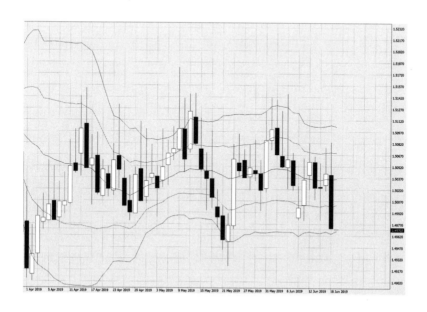

勝ちパターン分析の奥義のひとつは終値を観察することでした。終値を観察し続ければ、変化を見つけることが必ずできます。その変化に対応するのがトレードです。変化したときにどのように行動するか、決めておくことがシナリオです。

　この日の観察事項は、以下の通りです。

①終値は－２σ付近に位置している
②バンド幅が収束して平行になってきている
③値幅と上げ下げのリズムが一定である

　これらは、チャートの右端で現在起きている紛れもない事実です。この事実に基づいてシナリオを立てていきます。

　まずはメインシナリオとサブシナリオを立てます。

　この日のメインシナリオはレンジ相場の継続です。レンジの下限の－２σで「買い」戦略とレンジの上限の＋２σでの「売り」戦略を考えます。

　サブシナリオはレンジブレイクです。下方ブレイクを確認してからの「売り」戦略と、上方ブレイクしてからの「買い」戦略を描いておきます。このようにシナリオは２つ以上あることが望ましいです。なぜなら、変化に対応できるからです。

　なお、戦略には「買い」か「売り」かだけでなく、「待つ」ことや「見送る」ことも含まれます。

２）2019 年 6 月 19 日

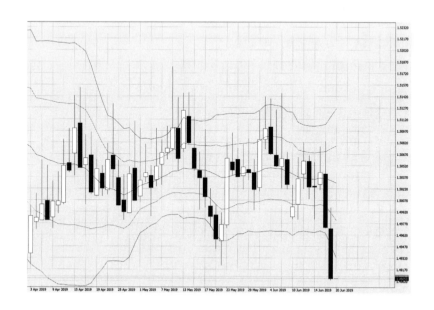

　この日の観察から、以下のことがわかります。

①レンジの下限を突破した
②下限を突破したことにより－２σを終値で下回った
③センターラインが下向きに変化した
④－２σが下向きに変化した
⑤－２σの下向きへの変化によりバンド幅が拡大した

　これらの事実から勝ちパターン２（以下、「PT2」と記述）売り発生と判断します。要するに、前日のサブシナリオが発生したことになります。
　もしも、前日のメインシナリオ（レンジの下限の－２σ）で買って

いたとしたら、ロスカットが正しい行動です。終値とボリンジャーバンドの変化に合わせてシナリオも変更していく必要があります。

　現時点のメインシナリオはPT2売り発生による下落とします。サブシナリオはPT2売り消滅です。

　今回はメインシナリオに沿ってPT2売りのルール通りエントリーをしていきます。

　PT2売りの基本ルールは、ストップを＋1σに置き、センターラインまでが売りゾーンでした。したがって、センターラインを終値で上回ればサブシナリオとなります。サブシナリオの正しい行動はロスカットです。

　このように、常に2つ以上のシナリオを描いておくと、その時々の相場の変化に対応できます。

　勝ち組トレーダーは自分で複数のシナリオを立て、常に「自分が何をしているのか」を理解しています。

　対して、負け組トレーダーは自分でシナリオを立てることをせず、「自分が何をしていて、これから何をしようとしているのか」、わからないのです。

3）2019 年 6 月 20 日

　この日の観察から、センターラインと−2σが下向きであること
がわかります。

　センターラインを終値で上回らないかぎり、メインシナリオ継続と
判断します。

「上がったら売るのか？」
「下げたら売るのか？」
「上がったら買うのか？」
「下げたら買うのか？」

　単純に安いから買おうとか、高いから売ろうということではなくて、
常にシナリオがあることが重要です。

勝ち組トレーダーは、シナリオがあるが故に変化に対応していくことができます。この場合はセンターライン付近まで上がったら売る戦略です。売り戦略でいるのにもかかわらず、「上昇してほしい」と考えています。

　反対に、負け組トレーダーは、売ればすぐに下落してほしいと考え、買えばすぐに上昇してほしいと考えます。この考え方は、ピンポイントでエントリーポイントを当てようとする行為なので、そもそもうまくいくはずがないのです。

　「相場は波である」ということを考えれば、本格的に下落開始する前に上昇したり、本格的に上昇開始する前に下落したりするのは当然です。

4）2019 年 6 月 21 日

　センターライン付近まで上昇しました。メインシナリオ継続中です。終値でセンターラインを上回れば PT2 売りが消滅しますから、サブシナリオでロスカットします。

　シナリオもなく、リスク許容やポジションサイズ、レバレッジが適切でないと含み損に恐怖し、右往左往する局面かもしれません。それは「感情トレード」であり、「勝ちパターントレード」ではありません。資金管理も含めて勝ちパターンと呼べるのです。

　PT2 売りのルール通り、ストップを＋1σに置き、センターライン付近に売り指値を置いていたら、現在は含み損を抱えていることになりますが、実は計画通りに指値注文が約定して売りポジションを造成できたことになります。

　ここで肝心なことは、シナリオがあること、ストップをルール通り＋1σに置いたこと、リスクを許容していることです。

5）2019 年 6 月 24 日

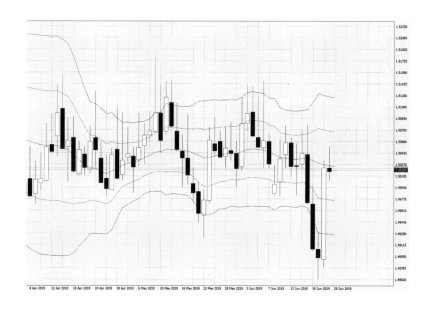

　終値がセンターラインを下回り続けるかぎり、メインシナリオ継続中です。このときのセンターラインは「緩慢トレンドか、気迷い相場か」を表す重要なラインです。

　トレードにおいて、「我慢すること」と「許容すること」は違います。トレードがストレスになるのなら、トレードで良い実を結ぶことはないでしょう。

　ルール通りに行動していたとしても、ポジション保有中にストレスを感じていないでしょうか？　ストレスを抱えて保有したポジションは、最後までストレスを抱えることになります。含み損はもちろんのこと、含み益であってもストレスを感じることでしょう。

　「早く利益にしたい」「大きな利益が欲しい」「損失を出したくない」などという感情は判断を鈍らせます。周囲の目を気にする思いや、自分が傷つきたくないという気持ちの表れかもしれません。

リスクを許容することの本当の意味は、自分の欲と感情を認めたうえで手放し、ポジションに固執することなく、相場に委ねることができる状態にすることです。多くのトレーダーが手放せないものはポジションだけでなく、自分の思いやプライドなのかもしれません。

　そして、勝率を意識しすぎると、「利食いは早く、損切りは遅くなりやすい」傾向が出てきます。利小損大の構図の出来上がりです。

　どんなトレード手法を学んでも、己の欲と感情に支配されていると、利益から遠ざかります。

　トレードは相場との戦いではなく、自分自身との戦いであると言われる所以です。

6）2019 年 6 月 25 日

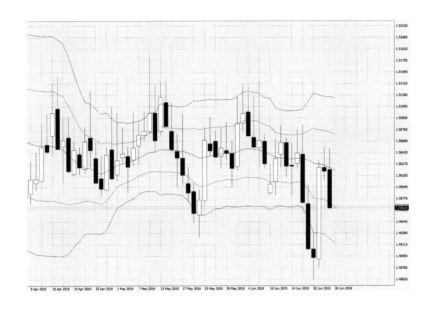

　この日の観察では、6 月 19 日に下落トレンド開始の合図を確認後、いったん上昇しましたが、センターラインで跳ね返された事実がわかります。終値は－1σの下に位置していて、緩慢トレンド継続中と判断します。

　エントリー時にストップ約定まで許容していたので慌てる必要がありません。センターラインまでが売りゾーンというシナリオのもと、上がったら売るという行動をとることができました。ここまではシナリオ通りの展開となっています。

　だからといって、自分を過信してはいけません。ポジションは保有しているものの、ポジションを持っていないかのように、常に相場にバイアスをかけずにニュートラルに勝ちパターン分析をすることが大切です。リラックスしてチャートを見ること、毎日チャートチェック

することで相場の「変化」に気づくことでしょう。

　そのときどきの相場の変化に一喜一憂し、さまざまな感情を抱くこともあるでしょう。感情トレードに陥らないようにしようと、自分の感情を抑えつけたり、押し殺そうと我慢したりするのは、実は逆効果です。

　自分の感情を認める必要があります。しっかりと自分の感情を認めてあげると、その感情に従った行動を取るか取らないか、自分で選んで決めることができるようになります。自分の感情を客観視することで、一呼吸置いて、正しい行動を選択することができるのです。

　自分の感情を客観視できるようになるための最善の方法は、デモトレードです。その次は、レバレッジ1倍以下のトレードです。

　レバレッジを上げたトレードを繰り返していたら、いつまでたっても感情トレードから卒業することはできないでしょう。

7）2019 年 6 月 26 日

　引き続き、終値は－１σの下に位置していますので、緩慢トレンド継続中と判断します。

　この時点で含み益に転じています。含み益があると、次の戦略を立てやすくなります。自分のシナリオ通りの動きならば、増し玉を検討しない手はありません。今回は－１σ付近に売り指値を置くことにしました。

　このように含み益がある状態でポジションを積み増すことを「ピラミッディング」といいます。ピラミッディングの注意点は、リスク許容を当初のポジションと比べ小さく設定することです。例えば今回、仮に、最初のエントリー時のリスク許容を証拠金の 0.5% としたならば、ピラミッディング時のリスク許容は 0.25% に抑えるといった具合です。

ピラミッディングをすれば、当然、平均コストが悪くなります。しかし、思惑通りのシナリオで推移したとき、増し玉したポジション（＝コストの悪いポジション）から利食いしていけば、平均コストを改善しながら、ポジションを積み増ししていくことが可能になります。

　反対に、シナリオに反して推移するときにポジションを積み増すことを「ナンピン」と言います。当然、含み損を抱えることになりますが、このやり方には「平均コストを良くしよう」という思惑があります。6月20日の行動はまさに平均コストを有利にするための、リスク許容範囲内での"計画的ナンピン"でした。

　反面、リスク許容を超えたナンピンは自滅の始まりです。一度やってしまうと常習化してしまう禁断の戦略です。

8）2019 年 6 月 27 日

　この日も終値は−1σを下回り続けています。バンド幅も拡大し
ていることがわかります。

　昨日、−1σ付近に置いた売り指値注文が約定しています。このよ
うに、指値注文を活用することで上ヒゲを捉えることができました。

　このポジションはすでに含み益になっていますし、6 月 21 日に約
定したポジションもすべて含み益です。この時点で利食いしても構い
ません。お勧めは、ピラミッディングしたポジション（コストの悪い
ポジション）から先に利益を確定していくことです。平均コストが良
くなるからです。

　いつも含み益を抱えていると、次の戦略が立てやすくなります。そ
こで、さらに同じことを繰り返します。今回も−1σ付近に売り指
値を置くことにします。

9）2019年6月28日

　終値は－1σを下回り続けています。バンド幅も拡大中です。昨日の売り指値注文も約定してくれています。

　トレンドが下落基調のときは、ザラ場で上昇していく局面は絶好の戻り売りのポイントになります。逆に、ザラ場で下落していく局面は少しずつ利益を確定していくことになります。

　ローソク足をよく見ると、ほとんどの足で上ヒゲや下ヒゲを出していることがわかるでしょう。このヒゲが形成される仕組みを理解しておくことも重要です。

　始値より終値が高ければ陽線となり、始値より終値が安ければ陰線となります。ただ、それだけではヒゲは形成されません。

　ローソク足は始値、終値、高値、安値で成り立ちます。始値から上昇するということは高値をつけにいくことを意味します。その後、下

落すればその高値は上ヒゲとして残ります。

　逆に、始値から下落するということは安値をつけにいくことを示します。その後、上昇すれば、その安値は下ヒゲとして残ります。このような流れでヒゲができるというシンプルな理解があれば十分です。

　日足を例にすると、日本時間で上昇し、欧州時間や NY 時間で下落すれば上ヒゲが残ります。日本時間、欧州時間で下落し、NY 時間で上昇すれば下ヒゲを形成します。このように、ヒゲの造成のパターンはさまざまです。

　なお、終値にかけて、それまでの動きと反対の方向に動くことも多いです。

　ヒゲがないローソク足は、終値にかけて、相場がその方向に押し切ったことを表します。

10） 2019 年 7 月 1 日

　終値が−２σの下で引けたことを確認できます。バンド幅も拡大中です。トレンドが加速していく局面です。センターライン付近のコストの良いポジションをキープし続けることで、常に含み益を抱えた状態を保つことができます。

　このように、トレンド相場では初動を捉えることができると、コストの良いポジションを造成できるだけでなく、ピラミッディングを利用した「増し玉」で回転を利かせるトレードも実現しやすくなります。

　トレンドの初動を捉える PT2 ではセンターラインまで戻りが入ることを許容しながら、しっかりポジションを持つことで、後から参入してくるトレーダーよりも優位になれます。

11）2019年7月2日〜7月8日

　その後、しばらく－2σを下回り続け、下落トレンドが加速して行きました。ようやくこの日に終値で－2σを上回りました。トレンドの加速が終了したと判断します。

　しかし、－1σの下での推移はトレンドの継続を表しますので、下落トレンドに変わりはありません。

　ここで増し玉したコストの悪いポジションから順に利食いを行っても構いません。

　利食いポイントの候補として、直近安値や－2σ、上位足のσラインなどの節目、＋2σが下向きに変化した時点、PT1買いが発生した時点などが挙げられます。

12) 2019 年 7 月 9 日

　この日の観察では、終値は−１σを下回ったまま、バンドウォークしていることが確認できます。このときの−１σはトレンドの継続と調整の分岐点です。繰り返しになりますが、終値で判断することが重要です。つまり、終値で−１σを下回っているのであれば下落トレンド継続と判断し、終値で−１σを上回れば、トレンドの調整と判断することになります。

　この日も「下落トレンド継続」と判断しているので、ザラ場で−１σ付近に上昇したら売る戦略を立てます。下落がメインシナリオですから、ザラ場で上昇したら売る行動をします。具体的には、−１σ付近に指値注文を出しておきます。指値注文は「上がったら売る」というシナリオを行動に移すことのできる、とても便利な方法です。

13）2019 年 7 月 10 日

　上ヒゲを出しましたが、終値では－１σを下回ったままです。つまり下落トレンド継続と判断します。

　昨日の売り指値注文も約定してくれています。今回も指値注文の活用で上ヒゲを捉えることができました。

　いつ利食いしても構いません。今回は直近安値や－２σを目安に利食いしていきます。このときに、６月 21 日に造成したポジションをまだキープできていればベストです。このポジションの含み益を担保に、何度もピラミッディングで増し玉し、さらに、その増し玉したポジションの利食いを繰り返していくことができます。

14）2019 年 7 月 11 日～ 7 月 17 日

　その後も、－１σを下回り続けました。トレンドの勢いが弱まっ
てきたようにも見えます。

　しかし、それだけで買い戦略を立てるには不十分です。

　ここでは－１σが重要な基準となります。何度も書いているよう
に、終値で－１σを下回り続けるかぎりは下落トレンド継続と判断
します。

　買うならば、できるだけ安いときに買いたいという願望は誰しも抱
きます。その気持ちはわかりますが、明確な基準がない場合の“安さ”
は当てになりません。終値で－１σを上回ったことを確認してから
買っても間に合います。

15）2019年7月18日

　ここで、ようやく終値で−１σを上回りました。「勝ちパターン１
の買い」の発生です。メインシナリオだった下落トレンドから、シナ
リオの変更が必要になります。相場の変化とともに、シナリオも変化
させるという原則を忘れてはなりません。常にチャートに従い、チャー
トに合わせるのです。それは、すなわち相場に従っていることになり、
相場に合わせていることになります。

　今回の行動は、まず売りポジションを全決済することです。その後
は何もせずに静観していてもよいですし、トレンドの調整を狙った買
いシナリオを立ててもよいでしょう。

　PT1買いのメインシナリオはトレンドの調整上昇です。サブシナ
リオは再び終値で−１σを下回り調整の失敗、もしくは下落トレン
ド再開です。

16) 2019 年 7 月 19 日

　観察結果として、「終値が－１σを下回った」という事実が残ります。PT1買いでエントリーしていた場合、サブシナリオがあれば躊躇なくロスカットすることができます。自分で行動を決めていたからです。シナリオがなければ行動できません。

　トレード以外でも、私たちは無意識のうちにさまざまなシナリオを立てて行動しているものです。シナリオがあるから対処できるのです。

　逆に、シナリオにないことが目の前で起こったとしたらどうでしょうか？　おそらく、パニックになることでしょう。考えること（対処すること）を放棄してしまう怖れもあります。

　そういう事態を避けるためにも、メインシナリオという最高のシナリオと、有事を想定したサブシナリオを常に考えておく必要があります。トレーダーにとって、シナリオが描けないことは大きな問題です。

なお、シナリオが作れないことと、シナリオがあっても行動できないこととは別問題です。

　シナリオ通りに行動できない理由は、自分の思いが強すぎることにあります。ほとんどの場合、自分の欲や感情を優先させて、切るべきポジションを手放せないところにあるのでしょう。

　もしくは、"過去"が邪魔をするケースもあるでしょう。「前回ロスカットしたけど、その後上昇したし、"今回こそは！"」などという思いが自分の行動の妨げになります。

　何度でも言いますが、自分の欲と感情に従うのではなくて、相場に従うことが大切です。

　レバレッジを下げると相場に従いやすくなります。相場に従えない人は、いったんデモトレードで相場に従う練習をしてから、再度、本番にのぞむという方法を勧めます。

　再び、終値で－１σを上回りました。"昨日ロスカットしたのに！"と感情が先にくるでしょうか？　それとも、チャートに焦点を当て続け、冷静に分析することができるでしょうか？

　もしも、この感情を認めて手放すことができないままでいると、今後のチャート分析の弊害となってしまいます。過去の失敗を思い出し、現在に焦点を合わせられなくなってしまいます。

　「前回はロスカットしてしまった。今回は違うだろう」「今回こそは上昇するだろう」などという自分の思いが沸き起こってくるものです。すなわち、いつまでも自分の感情に支配されたままになってしまいます。

　ロスカットは方向転換です。自分のポジションだけでなく、自分の思いも手放すことです。「手放す代わりに他の良いものが手に入る」

と考えれば、精神的ダメージを受けません。

　事実、手放す代わりに大切な証拠金が守られます。自分のポジションに固執せず、諦める代わりに他にもっと良いものに投資するチャンスを得ます。それが勝ち続けるための健全なトレーダーの考え方です。

18）2019 年 7 月 23 日～ 2019 年 7 月 31 日

　終値で－ 1 σを行ったり来たりして方向感がなくなってきました。価格はほとんど動いていませんが、時間が経過することによって相場の過熱を冷やす、「時間調整」という現象です。トレンドの調整には価格調整と時間調整とがあります。

　PT1 買いのポジションにこだわっていては次に進めません。時間だけが経過して、その間、証拠金を別のトレードに使うことができないままになってしまいます。

　この局面では、どれだけ厳格な資金管理を施してみても、勝ちパターンが発生していない以上、エントリーしても博打的なものになります。次の勝ちパターン発生を待つことが得策です。

　損失を取り戻そうと意気込んだり、欠乏感によるトレードをしたりしては連鎖的な損失を招きます。

「エントリーするぞ」という気持ちでチャート分析をしていると、無理なエントリーをしてしまいがちです。エントリーにフォーカスするのではなく、「捨てる目」や「見送る選択」が大切です。相場に見逃し三振はありません。ボール球に手を出さない選球眼があれば、ボール球をホームランにする技術は必要ありません。

　「選ぶこと」は「捨てること」でもあります。私たちは誰かにエントリーするよう強いられているわけではないはずです。相場には従いつつも、選ぶのは自分という姿勢を忘れてはなりません。

　それが自己責任でのトレードです。

~第3節~

スイスフラン／円　日足

　ここでは勝っている人（勝ち組トレーダー）と負けている人（負け組トレーダー）の思考に分けて、それぞれの意思決定や行動を解説します。

1）2019 年 11 月 22 日

①観察

　終値で－2σを下回った。レンジの下限を突破した。センターラインと－2σが下向きに変化。バンド幅が拡大。勝ちパターン2（PT2）売り発生と判断。

②勝っている人の思考と行動

　一度にレバレッジを上げることはリスクが高いと考え、レバレッジ0.25倍を目安に売り注文を出す。ルール通り、ストップを＋1σに置き、センターラインまでを売りゾーンとして捉える。

③負けている人の思考と行動

　平均コストを意識し、戻り売りを考えている。しかし、どうしても怖くてエントリーできない。こんなに下げたところから売るのには勇気がいる。トレードルールではなく感情からの見送りとなる。とにかく過去の失敗体験を思い出す傾向がある。同時に、未来へ抱く不安も強い。

2）2019 年 11 月 25 日

①観察

　終値は − 1 σ の下にある。バンド幅の拡大傾向にも見えるが、平行になってきているようにも見える。

②勝っている人の思考と行動

　何もしない。ただし、センターラインと ± 2 σ が平行になってきたので注視したい。リミットは 107 円の直近安値の節目が目安。レバレッジに余力があるのでここからエントリーも可能。エントリーポイントまで引きつけてこそ、高いリスクリワードを実現できることを理解している。

③負けている人の思考と行動

結果的に、昨日の時点で売らなくてよかった。今から売ることにする。

レバレッジは考慮していない。そもそもレバレッジとは何かを理解していない。

ストップを近くに置きたいがために PT2 売りのルールを拡大解釈してセンターラインに置く。リスクリワードを自分で調整しようとする行動。

3）2019 年 11 月 26 日

①観察

終値は－１σを下回っている。バンド幅は平行になりつつある。

②勝っている人の思考と行動

何もしない。

③負けている人の思考と行動

価格が動かないことに苛立つ。レバレッジが高いので気が気でない
状態。

4）2019 年 11 月 27 日

①観察

　終値はセンターラインの下にある。バンド幅は収束し平行になった。

②勝っている人の思考と行動

　計画通り、売り指値注文がすべて約定。終値がセンターラインを下
回っているかぎり、ポジションはキープ。センターラインを終値で上
回れば潔くロスカットする。

③負けている人の思考と行動

　自分のシナリオではセンターラインでロスカットする予定だった
が、センターラインでの戻り売り戦略（計画になかったナンピン）に
切り替えた。一度ルールを逸脱すると、常習化しやすくなる。

5）2019 年 11 月 28 日

①観察

　終値はセンターライン付近にある。バンド幅は収束し平行になっている。

②勝っている人の思考と行動

　センターライン、±2σの向きが平行なのでレンジ相場の可能性を考慮する。この時点で正直なところ嫌な気持ちにはなるが、素直に自分の感情を認める。

　自分の感情を認めた後、冷静にチャートを見ると、トレンドの発生とは思えずロスカットを決行。これを「損切り」と考えるのではなく「見切り」と考えている。

　ロスカットと同時に自分の感情も手放す。証拠金を増やすことを明

確な目的としているので、ロスカットを怖れることはない。

　トレーダーであると同時に、自分が資産の運用者でもあることを自覚している。

③負けている人の思考と行動

　自分のポジションを気にしているので、チャートを見ているようで見ていない。ボリンジャーバンドの形状やσラインの向きなどに気が回らない。

　相場の変化を気にしていない。勝ちパターンが見えなくなっている。レバレッジ（欲）に支配されている状態。自分のポジションに執着している。

6）2019 年 11 月 29 日

①観察

　　終値はセンターラインの下にある。バンド幅は収束し平行のまま。

②勝っている人の思考と行動

　　昨日、撤退しているので何も感じない。

　　わかりにくい相場には手を出さない。手を出さないので損失も出さない。

　　資金管理をしていても、ここからのエントリーは博打的になってしまう可能性が高いと判断した。

　　別の勝ちパターンが発生している通貨ペアに乗り換えて証拠金を運用する。

③負けている人の思考と行動

　少し下落したことで自分の相場観を自賛する。せっかく良い感じに下げてくれたので、大きな利益を取りたい欲に支配されてしまう。その結果、ポジションを増やすべきでない場面でポジションを増やしたり、レバレッジを上げるべきでない場面でレバレッジを上げたりしてしまう。

7）2019 年 12 月 2 日

①観察

　終値でセンターラインを上回る。バンド幅は収束し平行のまま。

②勝っている人の思考と行動

　撤退しておいてよかったと感じる。後悔はない。

　センターラインを跨いだことや、バンドが平行に変化してきたことからレンジ相場の可能性が高まる。

③負けている人の思考と行動

　どうしてあのとき売り増ししたのだろうという後悔が生まれる。

　鹿子木式勝ちパターン 2 に対する疑問が浮上してくる。「鹿子木式勝ちパターン 2 は使えないのではないか？」と、嫌悪感と怒りが込み

上げる。怒りを誰かにぶつける。

　怒りがおさまらないまま次のトレードを始める。判断力が働かないので、チャート分析やシナリオ不在のポジションを持ってしまい、損失を繰り返す。

　他のインジケータを表示してみる。気がつくと、３つも４つもインジケータを表示させている。結局、何を信じればよいか、わからなくなる。

　自己嫌悪や後悔がここから始まっていく。

8）2019 年 12 月 3 日

①観察

　終値で＋１σを上回った。バンド幅は平行のまま。

②勝っている人の思考と行動

　レンジ相場と抵抗ラインを感じるが、ロスカットした相場なので、いつまでも売りエントリーに固執しない。上昇トレンド発生のシナリオも考え始める。

③負けている人の思考と行動

　やっぱりレンジ相場だった。損失を取り戻すために売りエントリーを考える。

コラム：ボリンジャーバンドから考える「現状維持の原則」

　「現状維持」というと、最近の意識高い系の風潮からはあまり支持されないかもしれません。「現状維持＝衰退」と言われたりします。しかし相場では、現状維持の原則は、とても大切な考え方です。

　現状維持の原則とは何でしょうか？
　現状維持とは、もともと、国際法で使われてきた概念と言われています。戦争で占領軍が占領した国や領地を、終戦に伴い占領軍が撤退した後、どの時点の状態に戻すのが国際法的に妥当か、という議論です。
　国際的に領有権を巡って争いが存在する係争地と呼ばれる地域は、領有権を主張するそれぞれの国がどの時点を「現状」と認識するかで、解決不能な議論の泥沼にはまっています。というよりも、解決するつもりがない場合も多く、多くの場合は「解決」よりも自国による「領有権の主張」が優先されます。解決を求めてしまうと、その姿勢が弱腰と国内世論に糾弾され、政権基盤に影響を与えることがままあるからです。

　この現状維持は、私たちが日常生活を営むうえでも欠かせない考え方です。その原理自体は非常に単純です。
　例えば、まだ離婚していないならば、結婚関係が継続しています。まだ電話番号を変えていないならば、元の番号のままです。待ち合わせ場所を変更していないならば、もともと

約束していた場所が待ち合わせ場所です。国籍を変えていないならば、もとの国籍のままです。最終学歴は、新たに学位を取らない限りは、そのまま変わりません。兵士は、新たな命令を受けない限り、最後に受けた命令によって任務を遂行し続けます。

　要するに、勝手に変えられないわけです。能動的に新たな変更が加えられない限り、現状を維持することが正解なのです。

　相場で勝つためにはこの「現状維持の原則」を理解していることが必要です。

①トレンド相場が終了したと判断されない限り、そのトレンド相場は継続している
②レンジ相場が終了したと判断されていない限り、そのレンジ相場は継続している

　この２つの原則を、頭で理解するだけでなく肚に落とし込んでいますか？　上昇トレンドが終了したと判断していないのに「そろそろ売り場かも」などと考えたりはしていませんか？　レンジ相場が終了したと判断していないのに「今回は好材料だから」とトレンド発生を確信したりはしていませんか？

　「トレンドが終了した」と判断できていないのに、勝手にトレンドが終了したことにされるのは、まだ離婚届が受理されていないのに勝手に夫婦の関係が解消したことにして、他の異性と不倫関係を持つことと同じです。

新たな判断をしない限り、それまでの判断を継続するのです。勝手に「そろそろ売り時だ」とか、「そろそろ買い時だ」などと動かないことです（そう判断したのなら動いてよいです）。

　勝ちパターンでいえば、まだ勝ちパターン１が発生していないならば、もともとのトレンド相場が継続している、と判断するのが原則です。
　同様に、まだ勝ちパターン２が発生していないならば、レンジ相場が継続している、と判断するのが原則です。
　終値で値動きを確認し、新たな勝ちパターンが発生したときに、それ以前の勝ちパターンはようやく否定され、損切りなり、利食いによってクローズするか、途転するか、という流れになります。

　ボリンジャーバンドの＋１σと－１σは、現状維持か、変化したかの境界線となります。
　勝ちパターン１は、バンドウォークが継続している限りにおいて上昇トレンドが継続していると判断し、ローソク足９本以上（＝十分に現状維持を果たしたうえで）バンドウォークした後、＋１σを割れたり、－１σを超えたりすると、そこに現状維持に対する変化が加えられたと判断します。つまり、トレンドがいったん終了したと判断するわけです。
　勝ちパターン１は現状維持から現状否定（新たな現状が発生）への分岐点が明確なので、わかりやすいのです。また、これが逆張りではないということも明確です。

～第4節～
ポンド／ＮＺドル　日足

　本節でも、引き続き、勝っている人（勝ち組トレーダー）と負けている人（負け組トレーダー）の思考に分けて、それぞれの意思決定や行動を解説します。

1）2017年8月29日

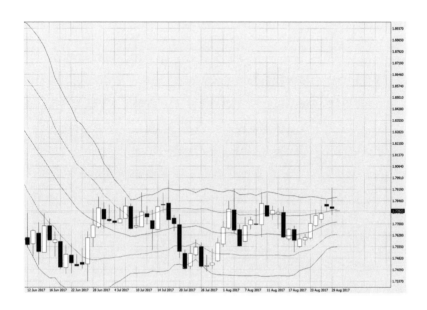

①観察

バンド幅は収束し平行を保っている。レンジ相場を示唆。±２σはトレンドの停滞と循環を表している。相場がどちらかに飛び出すエネルギーを溜めている状態。

②勝っている人の思考と行動

レンジブレイクを待っている。相場が傾き始めたところからエントリーを考える。つまりトレンド方向にバイアスが傾く局面を待っている。

自分の相場観を決めつけずに、流れに従うことで利益にするスタンス。

メインシナリオはレンジ相場継続シナリオ。サブシナリオはレンジブレイク。常に２つ以上のシナリオを持っている状態。シナリオがあることで変化に対応できる。

「トレードとは、相場の変化に対応することで利益を手にする行動である」という考え方を大切にしている。

③負けている人の思考と行動

2016年6月23日の国民投票の結果、英国の欧州連合離脱（Brexit）を控えているので、ポンド通貨をずっと売り目線で追いかけている。

自分の相場観を売り方向に決めつけているので、上昇すれば売りのスタンス。

過去にもこれまで＋２σで売りエントリーして大きな利益を得ている。今回も大きな利益を期待している。すぐにでも売りたくて仕方がない。現在ではなく、過去と未来に焦点を当てがち。

2）2017 年 8 月 30 日

①観察

　終値が＋２σを上回った。レンジの上限をブレイクし、同時に＋
２σとセンターラインも上向きに変化。バンド幅が拡大し始める。「勝
ちパターン２（PT2）の買い」と判断。

②勝っている人の思考と行動

　終値確定を見て PT2 買いと判断。ルール通りストップを－１σに
置いて買い注文を出す。

　昨日立てたサブシナリオが発動。トレンドの初動と認識している。

③負けている人の思考と行動

　まだレンジの上限と判断。"ブレグジット＝ポンド売り"という自

分の相場観からくる色眼鏡でチャートを見てしまう。

　価格が上がったので昨日よりも売りやすいと考え、売り注文を出す。そもそもブレグジットでポンドが下落するという考え自体も、自分で情報収集したり分析したりした結果生まれたのではなく、誰かの受け売りにすぎない。ブレグジットという言葉を使い、相場がわかったような気になっているだけであることに自分では気づいていない。

3）2017 年 8 月 31 日

①観察

　終値で＋２σを上回っている。バンド幅の拡大も顕著に見られる。上昇トレンド加速中と判断。

②勝っている人の思考と行動

　レンジブレイクの２日目。終値で＋２σを上回り続けるかぎり、上昇トレンドは加速していくと判断している。トレンド開始の初動の範囲と判断し、さらに買い注文を出す。

　ボリンジャーバンドの拡大する力を利益にしていく戦略。「ボリンジャーバンドの拡大＝ボラティリティと可動域が大きくなること」と理解している。

③負けている人の思考と行動

さらに売る。ストップを 1.821 に置いて売り増し。

“ポンドは売られるはずだ！”と自分に言い聞かせる。自分の思い込みが強く、チャートに従うことができない。「ポンドは売られるはずだ！　ポンドは必ず売られるはずだ！　そうに違いない……」。

しかし、なぜポンドが売られるはずなのか、その理由を考えたことは一度もない。

4）2017年9月1日

①観察

　終値で＋2σを上回り続けている。バンド幅も拡大中。上昇トレンド加速中と判断。

②勝っている人の思考と行動

　買い指値が一部約定。

　含み損の時間が短く、他の通貨ペアを観察する余裕も生まれる。値幅もあるので一部利食いする。利食いしたことで生じた余剰証拠金を再投資し、買い注文を出す。利食いと買い指値注文を繰り返して回転を利かせるトレード。

　引き続き、バンド幅の拡大と＋2σに注目している。

③負けている人の思考と行動

　ストップを置いているので心は平静なはずだが、"ブレグジットなのになんで上がるのだろう"という心境。

　心の平安がない。心がざわつき始めるのを否定しようとしている。抑えつけようと思っても抑えつけられないのが感情。

　ブレグジットについて、アナリストの記事を調べ始める。

　他のトレーダーのポジションが気になる。

　SNSでポジショントークに参加する。そうすることで、多少は不安がやわらぐのを感じる。

5）2017 年 9 月 4 日

①観察
　終値で＋２σを下回った。バンド幅は拡大したまま。基調は上昇
トレンド継続と判断。

②勝っている人の思考と行動
　一部利益を確定しておいてよかった。さらに回転させるための資金
確保ができた。
　終値が＋２σを下回ったのでトレンドの加速力は弱まったが、バ
ンド幅は拡大中なので上昇基調に変化はないと判断している。
　センターラインまで押すことも許容して、さらに＋１σ付近に買
い指値注文を置く。
　常にチャートに従い、σラインを基準にしている。

③負けている人の思考と行動

もっとたくさん売っておけばよかったと後悔している。

もっと売り増しをしたい心理状況。自分の思いに従い、感情移入しやすい。

さらにブレグジットについて自分に有利な情報を集める。やはり、ブレグジットでポンドが下落するという自分の考えは正しかった。自分で考えたことなど一度もないことには、まだ気づいていない。

6）2017 年 9 月 5 日

①観察

　ザラ場で＋１σにタッチして上昇。バンド幅も拡大中。引き続き
上昇トレンド継続と判断。

②勝っている人の思考と行動：

　シナリオ通り、ザラ場で＋１σにタッチして、指値も約定してく
れた。

　トレンド開始から５本目。トレンドは継続しやすいことを実感する。
売買の回転が利いている。

　最初に買った最もコストの良いポジションは保有している。前日高
値や＋２σでポジションの一部を利食いしたいと考えている。

③負けている人の思考と行動

「昨日売っておいてよかった。やっぱり下がってきた」と自画自賛している。平均コストも良くなったので安堵している。

安堵している自分に気づけば、その安堵は不安の打ち消し行動にすぎないことがわかり、自分を客観視する糸口になるかもしれないのだが、そのような余裕はない。

7）2017 年 9 月 6 日

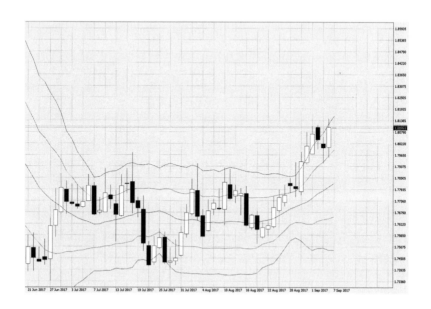

①観察

　終値は＋１σの上をキープしている。バンド幅も拡大中。引き続き上昇トレンド継続中と判断。

②勝っている人の思考と行動

　前回高値で一部利食い。バンドウォーク相場は息が長いトレンド相場ということを実感する。

　再びセンターラインまでの押しを許容して、＋１σ付近に買い指値注文を出す。

③負けている人の思考と行動

　上昇トレンドに思えてきた。エントリーしたことを後悔し始める。

「ストップがあるから大丈夫」と自分に言い聞かせる。

　想定していない含み損に驚きを隠せない。内心は焦り、困っている。嫌な予感が脳裏をよぎる。

　傷つきたくない思いから、ロスカットできない。ロスカットは悪いことだと思っている。

　本当に手放せないのは自分のポジションではなく、見栄とプライド。そう、ロスカットしてしまうと、これまでの自分自身の考えや行動をすべて否定することになってしまうから。

8）2017年9月7日

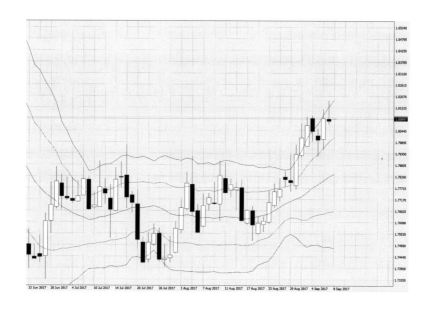

①観察

　終値は＋１σを上回ったまま。バンド幅も拡大中。上昇トレンド継続中と判断。

②勝っている人の思考と行動

　再び高値で一部利益を確定した。上昇トレンドでは直近高値や＋２σ超えは利食いの候補としている。

　利益を積み重ねてきたので戦略にゆとりが生まれる。確定利益を担保に、再び＋１σで回転させるシナリオ。

　トレンドに乗れたので、安心感のあるトレードができる。

③負けている人の思考と行動

　上ヒゲを出したので期待感がある。せめて建値まで戻ってきてほしいと心の中で祈り始める。

　そろそろ自分の異常な心理状態に気づいてもよさそうなものだが、まだ気づくことができない。だから行動も変えられない。

　潜在意識の中で、何かがおかしいと感じ始めているようでもある。だが、それを認めることはできない。

9）2017年9月8日

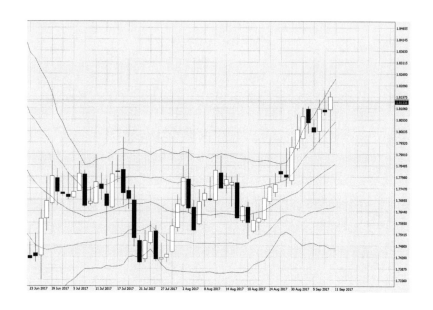

①観察

　ザラ場で下落するが、終値では＋１σをキープしている。バンド幅も拡大したまま。上昇トレンド継続中と判断。

②勝っている人の思考と行動

　シナリオ通り、＋１σ付近に置いていた買い指値がまた約定してくれた。自分の勝ちパターン通りの動きをしている。

　指値を使うことで平均コストも良くなる。この時点で買値上にストップを移動させる。リスクフリーになったので他の通貨ペアを観察し始める。

　おいしそうな勝ちパターンがあれば他の通貨ペアに乗り換えること

も検討しはじめる。

　特定の通貨ペアやポジションにこだわりはない。ポジションは自分の所有物ではなく、自分の資産の一部を預けることで利益を生み出してくれる手段にすぎないと頭でも心でも理解している。

③負けている人の思考と行動

　一転して今度は下ヒゲに不安を隠せない。自分を説得する心理状況。

　想定損失金額がわからないままポジションを増やしたことを後悔する。

　本当は何日か前にこれは上昇トレンドだとわかっていたが、自分の思いを手放せないまま。

　自分の相場観を信じて貫くという間違った信念。

　取り返しのつかない損失を出した場合の家族や周囲に対しての言い訳を考え始める。

10）2017 年 9 月 11 日

①観察

　終値は＋１σを上回ったまま。バンド幅も拡大中。上昇トレンド継続中と判断。＋１σはトレンドの継続か調整かを表す重要なライン。

②勝っている人の思考と行動

　＋２σで利益を確保できている。バンドウォーク９本目に突入してきたことを確認。これまでの利益に満足している。

　ストップを買値上に上げていることから、上昇しても下落しても利益で終えることができる。

　いつ撤退しても大丈夫という安心感がある。

③負けている人の思考と行動

　ストップが約定して損失金額に驚く。なぜこんなに損失が発生するのか？　誰が間違った相場観を自分に植え付けて自分を騙したのか？そんな被害者意識が芽生えだす。

　そして、ようやく上昇トレンドと認めて買い戦略にシナリオ変更する。上昇トレンドと認めて相場観を変えることのできる自分はトレーダーとして捨てたものではない、との意識やプライドが顔を覗かせる。

　上ヒゲを超えたら買う戦略を立て、早く損失を取り戻そうと決意する。上昇トレンドなら、ここから本格的に上昇していくはず。

11）2017 年 9 月 12 日

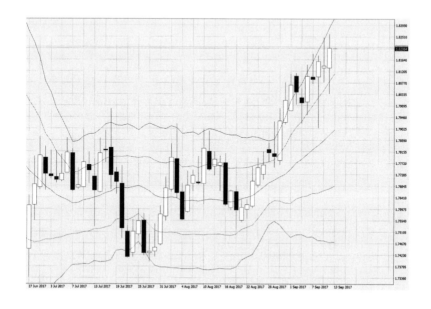

①観察

　終値は＋１σを上回ったまま。バンド幅は拡大中。上昇トレンド継続中と判断。＋１σはトレンドの継続か調整かを表す重要なライン。

②勝っている人の思考と行動

　＋１σ付近の買い指値注文が約定。さらに利食いする。

　常に平均コストの悪いポジションから利食いすることを習慣化している。

　＋１σで買い、直近高値や＋２σでの利食いを繰り返してきた。

　一方で８月 30 日に買ったポジションはまだ保有中。

③負けている人の思考と行動

　昨日の上ヒゲを上回ったら買う戦略だが、「終値が大事だ」ということを思い出す。なぜか、こんなときだけ謙虚に相場の教えを大事にしようと考える。

　しかし、他はすべて無視して終値の教えだけ大事にしても何の意味もない、という事実には思いが至らない。

　終値で昨日の高値を上回ったら買う決意を固める。

12) 2017年9月13日

①観察

　終値は＋１σを上回ったまま。バンド幅も拡大中。上昇トレンド継続中と判断。＋１σはトレンドの継続か調整かを表す重要なライン。

②勝っている人の思考と行動

　バンドウォークも成熟してきた。利益を確定することだけに興味があり、出口を考え始める。

③負けている人の思考と行動

　入口を待っているが、まだ終値が前日高値を超えていない。待つことが大事だということを思い出す。

13）2017 年 9 月 14 日

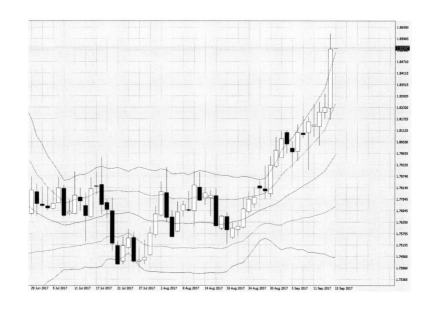

①観察

　再び終値が＋２σを超えている。バンド幅も拡大中。上昇トレン
ド継続中と判断。トレンドの角度が変化した。

②勝っている人の思考と行動

　文句なしに買いポジションを全決済。さらに上昇するかもしれない
と思いつつも、この通貨ペアから得た利益に満足して他の通貨ペアに
乗り換える。

③負けている人の思考と行動

　文句なしに買いエントリー。買い方向についていく。前回の失敗か
ら損失を怖れ、レバレッジは低めで買う。

14）2017 年 9 月 15 日

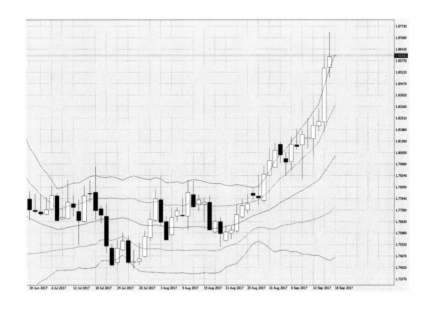

①観察

　終値が＋２σを超えている。バンド幅は拡大中。上昇トレンド継続中と判断。

②勝っている人の思考と行動

　トレンドの角度が変わって乖離を感じ始める。逆張りにも見えるが、相場の過熱を感じるので、終値で＋２σを下回ったことを確認してから売りエントリーを検討する。

③負けている人の思考と行動

　やっぱり上昇した。自分の相場観は正しかった。レバレッジが低いのでもっと買っておけばよかったと後悔する。さらに買い増しする。

15）2017 年 9 月 18 日

①観察

　終値が＋2σを下回った。＋2σはトレンドの過熱を表す。－2
σが上向きに変化し始めている。

②勝っている人の思考と行動

　終値で＋2σを下回った。センターラインとの乖離を感じ、下位
足の PT1 売りを観察しながら売り始める。

③負けている人の思考と行動

　トレンドでは調整も入ることを考慮して＋1σまで買い注文を出
す。

16）2017 年 9 月 19 日

①観察

終値が＋１σを上回っている。上昇トレンドは継続中。

②勝っている人の思考と行動

売りポジションの一部を手堅く利食いする。＋１σ付近では全決済する予定。

③負けている人の思考と行動

やっぱり調整した。買い増しのチャンスと判断し、予定通り、買い増しする。ここで前回と同じ轍を踏んではいけない。トレンドに逆らってはいけない。

17) 2017 年 9 月 20 日

①観察

　9本以上のバンドウォーク後、終値で＋１σを下回った。勝ちパターン１（PT1）売り発生と判断。

②勝っている人の思考と行動

　売りポジションを全決済。PT1 の売りだが、この通貨ペアから利益をもらったので、他の通貨ペアに乗り換える。この相場から撤退。

③負けている人の思考と行動

　押し目買いをしたつもりが、思った以上に下落している。上昇トレンドには変わりないと判断している。

　何が正しくて何が間違いかわからなくなり、思考停止状態。深く考えないようにする。

18）2017 年 9 月 21 日

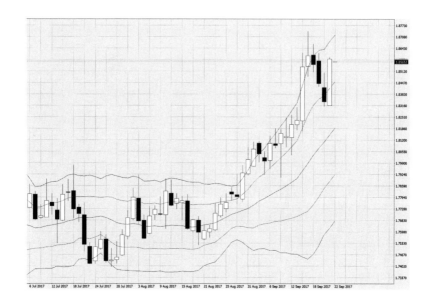

①観察

再び終値で＋1σを上回る。

②勝っている人の思考と行動

もうこの相場から出ているので、そもそも興味がない。勝ち逃げすることを美学としている。仮に昨日、PT1 売りでエントリーしていれば、ロスカットが正しい行動。

③負けている人の思考と行動

よかったと胸を撫で下ろしている。自分にも増し玉ができたことに満足。もっと含み益を伸ばそうという欲が出始める。

19）2017 年 9 月 22 日

①観察

再び、終値で＋１σを下回った。

②勝っている人の思考と行動

何もしない。見送り。

③負けている人の思考と行動

正直、昨日逃げればよかったと思っている。最悪のシナリオが頭をよ
ぎる。何か様子がおかしいと感じ始める。上昇してくれないと困る。自
分本位の考え方。理性では理解しているが、感情では心に蓋をしている。

日足でエントリーしたのに、いつの間にか１時間足に切り替え、つい
には５分足を監視し始める。常に買い方向の根拠を探し始めるようになる。

20) 2017 年 9 月 25 日

①観察

再び、終値で＋１σを上回った。

②勝っている人の思考と行動

何もしない。見送り。

③負けている人の思考と行動

また上昇してくれて嬉しい。

連日、短期足をずっと監視していたため、感情のボラティリティが大きい。チャートの動きに一喜一憂している。

21）2017 年 9 月 26 日

①観察

　終値で＋１σを上回っている。

②勝っている人の思考と行動

　何もしない。見送り。

③負けている人の思考と行動

　結果的に利食いができて勝ちトレードで終わったが、心はまったく
嬉しくないし、達成感もない。喪失感、安堵感など、破産と隣り合わ
せからくる精神的疲弊感だけが残る。

　今回のトレードだけで大きな精神的ダメージを蓄積した。

◆勝っている人の特徴＝勝ちパターンがある

エントリー	時間軸が明確 シナリオがある おいしいところまで待つ 自己管理できる 欲と感情を認めてから手放すことができる 現在にフォーカス 安心　リラックス　ニュートラル 相場に委ねる 相場に従う 変化に対応する トレードの目的が明確 勝ちパターンがある
利食い	感謝して受け取る　謙虚さ　他人と比較しない 勝ちパターンがある
損切り	損失を確定させる（主体的） 損切りではなく見切りと考える 諦める代わりに他にもっと良いものに投資する 手放す代わりに大切なものが守られる ロスカットは方向転換と考える セルフイメージは高く保たれたまま変わらない 次のトレードに影響しない 勝ちパターンがある

◆負けている人の特徴＝勝ちパターンがない

エントリー	時間軸が明確でない シナリオがない おいしいところまで待てない 需要過多　欠乏感 自己管理できない 欲と感情に支配されている 過去と未来にフォーカス 不安　ストレス　バイアス 自分の思いを手放せない 自分のポジションを手放せない 自分が正しいと思っている 自分に有利な相場コメントを探す トレードの目的を見失う 勝ちパターンがない
利食い	自画自賛　高慢さ　他人と比較する 勝ちパターンがない
損切り	損失を被るという被害者意識が強い 認めない　手放せない　固執する ロスカットは悪いものだと考える 周囲の目を気にする セルフイメージが低くなる 嫌悪感　罪悪感 次のトレードに影響する 勝ちパターンがない

第7章

勝ちパターン構築に
欠かせないパズルのピース

～第1節～
エントリーとエグジットの
タイムサイクル

「相場には時間の要素がある」という事実を知ることは重要です。チャートを見ればわかるように、相場は縦軸である価格と、横軸である時間から成立しています。時間の経過によって相場は動きますし、また相場は時間の経過によって変化していきます。

ですから、トレードでは「タイミング」が最も重要です。エントリーするタイミング、増し玉するタイミング、利食いするタイミング、そして損切りするタイミングです。

タイミングは「点」です。ある瞬間のことだからです。

しかし、「線」のような別の要素も同時に存在します。それはタイムサイクルです。タイムサイクルとは「周期」のこと、またその時間的長さのことを意味します。

周期をイメージできていれば、「待つこと」が容易になります。「良いエントリータイミングが最近あったばかりだから、次のエントリータイミングはまだもう少し先だな」と焦る必要がなくなりますし、利食いにおいても「もう少し待てば利益が伸びる可能性があるな」と待てるようになります。

トレードは、ポジションを持つことと、決済することで成り立っていると考えている人が多いと思います。しかし実際には、ポジション

を持つ前に「待つこと」、ポジションを持った後に「待つこと」のほうにずっと多くの時間を使いますし、神経を使います。

> **ポジションを持つ前に「待つこと」、**
> **ポジションを持った後に「待つこと」のほうに**
> **ずっと多くの時間を使う**

　どんなトレーダーにも、自分の得意なことがひとつはあるはずです。テクニカル分析が得意な人、長期的見通しを立てるのが得意な人、損切りが得意な人など、です。

　もしも、これから得意なことをひとつ作りたいという方がいるならば、私は断然次のことをお勧めします。それは、「待つことを自分の得意技にしてしまう」ことです。

　待つことが得意なトレーダーは、負ける気がしないと思いませんか。待つことが自分の勝ちパターンになります。その人のトレードはより優位性を持ち、よりシンプルになります。

　以下、トレードにおけるエントリーからエグジットまでのタイムサイクルを考えてみましょう。以下は大雑把な例です（人によって違います）。

◎長期投資　――――――→　１年に１回

◎中長期トレード　――――→　数ヶ月に１回

◎中期トレード　―――――→　数週間に１回

◎短期トレード　―――――→　数日に１回

◎デイトレード　―――――→　数時間に１回

◎スキャルピング　――――→　数分～数十分に１回

上記の考え方を例にとれば、長期投資には１年という利益確定のタイムサイクルがあるという考え方が成り立ちます。つまり、１年後に利益になればよいのです。

　短期トレードの場合は、数日間というタイムサイクルです。デイトレードのタイムサイクルは数時間。これをはっきり意識するだけでも、私たちのトレードは良い方向に変化します。

　では、利益確定のタイムサイクルはどのように選べばよいのでしょうか？

　考えなければならない要素が２つあります。

（１）　自分がどのくらいの頻度で利益を必要としているか
（２）　タイムサイクル起点時と終点時に相場に入れるかどうか

　まず（１）の「自分がどのくらいの頻度で利益を必要としているか」についてです。

　毎日現金が必要な人（他に収入を得る手段がなくお金に困っている人）は、デイトレードやスキャルピングという選択しかないでしょう。毎日お金が入ってこないと生活できない人は、中期トレードのような数週間の収入サイクルに耐えられないからです。長期で１年寝かせておくこともできません。「今日」、お金が必要なのですから。

　給与や副業などの収入手段があって、利益確定をするのは数日に１回程度でもよいという人は、短期トレードや中長期トレードが向いています。

　頻繁に利益確定する必要のない人は、中長期トレードや長期投資だけでもよいでしょう。

　次に（２）の「タイムサイクル起点時と終点時に相場に入れるかどうか」です。

日足でトレードする短期～中長期トレードの場合は、相場の変化の起点と終点を判断するために、1日1回相場に入るだけでも十分可能です。

　しかし、デイトレードのタイムサイクルは一般的に数時間です。つまり、「数時間に1回訪れるチャンスで相場に入っていられるかどうか?」、そして「利食いという行動をとる必要のある数時間後に相場に入っていられるかどうか?」。これらが判断基準になります。

　仮にサラリーマントレーダーで、たまたま早朝の出勤前にエントリーのタイミングがあり、1時間足でエントリーできたとします。利食いすべき数時間後にチャートを見ることができるでしょうか?「Yes」ならトレードしてもよいことになります。

　もうひとつ、心に留めておくべきことがあります。相場は刻一刻と変化するという事実です。

　もしかしたら、利食いすべきタイミングは、数時間後ではなく1時間後かもしれません。 出社後に対応できるでしょうか?

　そのようなトレードのタイムサイクルを考えながら、自分に有利なトレードを選ぶ。それが勝ちパターンにするために必要なことです。

取引の時間軸を明確にする

　実際に取引する前に、取引の時間軸を明確にすることが必要です。

　つまり、短期なのか、中期なのか、長期なのかということです。あるいは、日足なのか、週足なのか、月足なのかということです。

　日足以下の時間軸で短期トレードをするときは、ある程度の含み益が出たら確実にその利益を確定することが大切です。損切りもできるだけ小さくなるように戦略を立てます。

> **日足以下の時間軸で短期トレードをするときは、**
> **ある程度の含み益が出たら確実に利益確定する**

　逆に、長期取引の場合は、エントリー判断はあまり厳密さを求めず、広めの底値「圏」で買い、天井「圏」で売るという値幅の許容も必要になってくることがあります。

　例えば「短期のつもりで入っているのに逆方向に動いたら塩漬けにしてしまう」「長期のつもりで入っているのに含み損で狼狽する」という人は、短期や中長期で口座を分けることも良い方法です。

　器用に頭を切り替えられる人はひとつの口座で短期トレードと中長期投資の両方をしてもよいですが、両者はそもそも投資行動のパター

ンが異なりますので、口座を分けるほうが失敗を減らせると思います。

　これも負けパターンの要素を排除し、勝ちパターンの要素を増やす方法のひとつです。

~第３節~

平時のレバレッジを極力下げる

　勝ちパターンの本質が、できる限り利益になりやすい条件を満たしていくことであるならば、失敗につながりやすい行動をひとつひとつ捨てていくことで、間違いなく利益に近づきます。

　FX 取引で大きく損失を出す人の共通点のひとつとして、「ハイレバレッジの取引の常態化」が挙げられます。これを避けるだけでトレードは大幅に改善します。

　FX 初心者の多くが、レバレッジを高くした取引で大きな損失を出し、市場から撤退しています。初心者の撤退率は少なくとも 80％、現実には 90％かもしれません。

　日本の FX 会社で取引口座を開くと、最大 25 倍までのレバレッジを掛けて取引することができます。「レバレッジを掛けたほうが儲かる」という考えがあるので、「成功しているベテラン投資家はレバレッジを高くしているのでは？」と思う人もいるようです。しかし実際には、平均 1 〜 3 倍程度です

　であるならば、レバレッジ 1 〜 3 倍でトレードすること。これも大事な勝ちパターンの要素になります。

　25 倍までのレバレッジが可能だからと、10 倍、20 倍のレバレッジを利かせて取引するのは、すべてを失い市場から撤退する 8 割から 9 割の人々が取る行動です。

　勝ち続けている人は、初心者がレバレッジ 10 倍、20 倍という取引

をしたらほとんど全員が証拠金を失うということを知っています。わかっていますが、誰も親切には教えてはくれません。もちろん、業者やメディアも教えてはくれません。

残念ながら、初心者が損をすることで儲かるビジネスの仕組みが、あちこちに張り巡らされているのは事実です。

私はいつも、最大レバレッジを「口座全体で3倍以内」に抑えています。もちろん、これは「最大」であって、常に3倍のポジションを持つのではありません。最大瞬間風速という言葉を使うときの、あの最大という意味です。

いつもは0.25倍～2倍程度です。「ここぞ！」という大きなチャンスで初めてレバレッジ3倍を発動します。それも年に数回あるかどうかです。

そんな低レバレッジでのトレードで、1日15分程度、日足以上の時間軸で早朝のみトレードする私のスタイルでも、年利30％程度を継続することは不可能ではありません。

「高いレバレッジのほうがたくさん稼げる」と思い込んでいる人は損をし、低レバレッジの優位性を知っている人は平均収益、生涯収益を増大させています。

「レバレッジを下げ、大きなチャンスにだけ3倍程度までレバレッジを上げることが、勝ちパターンになる」ということを理解してほしいと思います。

FXでは欲をコントロールする人が勝てると言われます。欲とは、具体的にはレバレッジ以外の何物でもありません。レバレッジを制する者が相場を制するのではないでしょうか。

長い目で見たときには、FXトレードでは、レバレッジ10倍よりも2～3倍のほうが大きな収益を期待できます。

FX 初心者に多く見られる失敗のほとんどは、レバレッジを上げすぎるところにあります。ここで、ハイレバレッジがなぜ大きな損失につながるのか、具体的に挙げてみます。

①たまたま勝てた場合には大きな利益が出る。その味が忘れられずいつもハイレバレッジで取引したくなる

↓

②損失になると、必然的に1回の取引の損失が大きくなる。その損失を取り返そうと、次もさらにハイレバレッジで勝負したくなる

↓

③必然的に許容ロスカット（損切り）幅が小さくなるので、最終的に自分が想定した方向に相場が動いたとしても、途中の反対側への値動きに耐えられず大損する

↓

④ハイレバレッジの取引が常態化している人の多くは、ロスカット（損切り）できないか、ロスカットに強い抵抗感がある。彼らは、損失が膨らむ様子を見ていると気が気ではなくなり、最終的には異常な精神状態となって大損してしまいがちになる

↓

⑤ハイレバレッジのポジションを保有していると、他に大きなチャンスが生じても、その時点でエントリーする資金が残っていないため、みすみす見逃すことになる

↓

⑥買い下がり、売り上がり（ゾーンでの取引）ができない。相場の大きな方向性を予測できた場合、買い場や売り場をゾーンで捉えてポジションメイクする手法も有効だが、ハイレバレッジの場合、そのような余裕はない

↓

⑦ハイレバレッジの精神的重圧で、思考能力が麻痺してトレードがギャンブルになる（ハイレバレッジとは、常に自分の資産が危険にさらされていること）

↓

⑧ハイレバレッジの取引をする目的は「高揚感のあるトレード」である。トレードが手段でなく目的化しているので、いつか破綻する

　低レバレッジで取引すれば、上に挙げた逆の事柄が起こります。つまり、大きく儲けられるということです。これが勝ちパターンの考え方です。

　もちろん、先に述べたようにレバレッジを上げてもよい場合もあります。しかし、それは年に数回来るかもしれない、セリングクライマックスやバイイングクライマックスという「超おいしい」ときのために温存しておくものです。

> **ハイレバレッジは**
> **セリングクライマックスやバイイングクライマックスという**
> **「超おいしい」ときのために温存しておく**

~第4節~

エントリーか、見送りかの判断方法

まず、下の表をご覧ください。

エントリーするかどうかの判断材料				
① 勝ちパターンが発生しているか？	発生している ➡	エントリーしない	発生していない ➡	これ以上考えない
② 利食いと損切り（出口）のイメージが描けるか？	描ける ➡	エントリーしない	描けない ➡	これ以上考えない
③ リスクに対してリターンは十分か？	十分である ➡	エントリーしない	十分ではない ➡	これ以上考えない
④ エントリーする時間はあるか？	時間はある ➡	エントリーしない	時間はない ➡	明日また考える
⑤ 自分はこの通貨ペアにエントリーしたいか？	したい ➡	エントリーする！	あまりしたいと思わない ➡	もう忘れる

　上記の表には、「5つの判断基準」を書いています。5つの基準をクリアしたときのみ、エントリーするという意図です。これも、すべてのトレードを自分の勝ちパターンにしてしまうための考え方です。以下、順番に説明します。

1) 勝ちパターンが発生しているか？

　最初の判断基準はこれです。まず、勝ちパターンだけで、ふるいにかけます。

　ここで言う勝ちパターンとは、私の「鹿子木式10の勝ちパターン」のことです。「勝ちパターンならエントリーする」ではなくて、「勝ちパターン以外は絶対にエントリーしない」ということです。勝ちパターンに該当しない場合は見送る、という行動基準を明確にしています。ここを勘違いして、「勝ちパターン発生だから機械的にエントリー」とやるとうまくいきません。

2) 利食いと損切り（出口）のイメージが描けるか？

　入口の勝ちパターンが発生しているとします。しかし、それだけではエントリーできません。

　エントリーしてもよいですが判断が不完全です。なぜなら、エントリーからエグジットまで、すべて合わせて「勝ちパターン」になるからです。

3) リスクに対してリターンは十分か？

　損切りと利食いのポイントを決めました。そこで、確認です。損切りに対して利食いのほうが大きく獲れているでしょうか？　「勝ちパターンだから損切り額のほうが利食い額より大きくてもエントリーすべきだ！」ではありません。

4）エントリーする時間はあるか？

　ここは見落とされがちです。そもそも物理的にエントリーする（注文を入れる）時間がないと、参戦できません。

　今は時間があっても、10分後に大事な打ち合わせがあるとしたらどうでしょうか。焦ったり慌てたりして注文ミスが発生するかもしれません。

　落ち着いて注文できるかどうかは、無視できない要素です。できないなら、そもそもエントリーしない。そんなシンプルな考え方です。

5）自分はこの通貨ペアにエントリーしたいか？

　私はこれが一番大事だと考えています。

　勝ちパターンが発生して、出口のイメージができて、リスクリワードも十分で、エントリーをする時間があれば「エントリーしなければならない」のでしょうか？

　自分の意思で決めるのです。どんなに条件が良くてもエントリーしないことも選べるし、多少リスクリワードが悪くてもエントリーすることも選べます。

　自分の意思が不在のトレードには、自分で決めていない以上、本当の意味での「判断」は存在しません。

第8章

勝ちパターンを構築するための道しるべ

~第1節~
テクニカルの本質とは

テクニカル分析は何のためにあるのでしょうか？

◎買い優勢か、売り優勢かを知るためである
◎相場の方向性を見極めるためである
◎どこでエントリーしたらよいかを判断するためである

どれも、もっともらしい答えかもしれません。しかし、仮にこんな答えしか思いつかないなら、勝てるようにはならないでしょう。これらは負け組の思考です。

もっとシンプルに考えましょう。

テクニカル分析は何のためにあるのか？　——相場で勝つためです！

私たちが「相場で勝つため」という原初の目的（ミッション）を忘れたならば、テクニカルは自己目的化していきます。そんな自己目的化の典型が、「買い優勢か、売り優勢かを知る」ことだったり、「相場の方向性を見極める」ことだったり、はたまた「どこでエントリーしたらよいかを判断する」ことだったりするのです。

テクニカルは優れた道具なので、テクニカルを使えばどんなこともできてしまいます。だからこそ、テクニカルによって何を達成したいのかをハッキリさせることが必要になります。

私たちが達成すべき目的はひとつだけです。それは「勝つこと」です。テクニカル分析の目的を見失っているから、細かいところばかり気にしたり、損切りになるたびに「間違いはどこにあるのかを検証しよう」などと言っては、新たなインジケータを取り出してきたりするのです。

本当に勝つためにテクニカルを利用しようとするのであれば、私たちのテクニカルに対する姿勢は明確になるはずです。それは、テクニカル分析を自分の勝ちパターンに取り込んでしまうことです。

「勝つこと」という目的のために、私たちが知るべきテクニカルの本質は、次の3つです。

1）均衡の原理（乖離補填の法則）
2）波及の原理（慣性の法則）
3）循環の原理（作用反作用の法則）

それぞれ、順番に解説します。

1）均衡の原理（乖離補填の法則）

相場には、均衡を保つ力が働いています。均衡とは、バランスのことです。バランスが崩れると、元に戻ろうとする力が働きます。

リーマンショックの暴落で崩れたチャートが回復したのも然りです。トレンドが長く続くと、逆方向の力が働き始め調整が始まるのもまた然りです。だるまが倒れても、また起き上がろうとする現象に似ています。

私たちは、**大底や天井、そして調整相場で勝つために**テクニカル分析を利用すべきです。

２）波及の原理（慣性の法則）

　波及とは、波紋のように広がっていくことです。上昇を開始したら次の上昇を呼び、そしてさらなる大きな上昇を招く、という形で現れます。売りが売りを呼ぶ暴落相場にも同じことが言えます。

　小さな時間軸から次の時間軸に波及し、大きな時間軸を動かすようになるのも同じ現象です。

　相場には、動き始めたら止まれない状態になることがあります。買いが買いを呼び、誰の意思とも思惑とも関係なく上昇を続けることもあれば、売りが売りを呼び、そろそろ下げ止まったほうがよいと誰もが思っても下落を止められないこともあります。

　私たちは、**トレンド相場で勝つため**にテクニカル分析を利用すべきです。

３）循環の原理（作用反作用の法則）

　循環とは、相場において同じ現象を何度も繰り返すことです。相場の世界では新しいことは何ひとつありません。あらゆることが、過去に起こってしまっている、出尽くしてしまっているのです。

　過去に起こったことが、将来も繰り返し起こるのみ。下落すれば上昇し、上昇すれば下落する。動かなかったと思えば大きく動き出し、ボラティリティの大きさに慣れてきたら凪になる。

　私たちは、**レンジ相場や相場の節目で勝つため**にテクニカル分析を利用すべきです。

　これらの相場の「均衡」「波及」「循環」という３つの原理を見極め、「今がどういう局面で、これからどう変わるのか」を見抜くためにあるのがテクニカル分析です。

◆均衡の原理

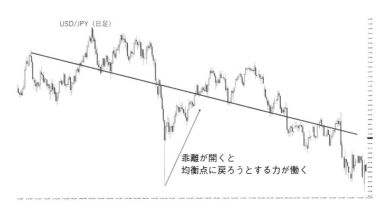

USD/JPY（日足）

乖離が開くと
均衡点に戻ろうとする力が働く

◆波及の原理

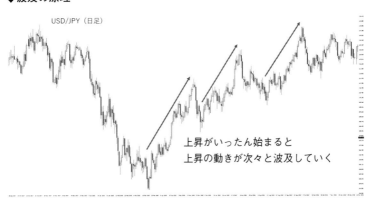

USD/JPY（日足）

上昇がいったん始まると
上昇の動きが次々と波及していく

◆循環の原理

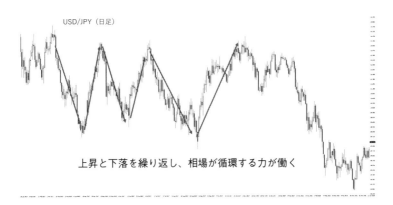

USD/JPY（日足）

上昇と下落を繰り返し、相場が循環する力が働く

例えば、インジケータの中でもとても有名な「一目均衡表」や「移動平均線」は、まさにこの3つの現象を捉えるために開発されたインジケータです。

　それらをもとにしたテクニカル手法は本質をついているはずなのですが、現実には多くの一目均衡表や移動平均線の使い手たちは、表面的で薄っぺらい手法やサイン探しに終始しているのが現実です。

　しかし、一目均衡表も移動平均線も、あるいは私が使っているボリンジャーバンドも、手法探しに終始しているうちは何の役にも立ちません。

　なぜなら、「勝つため」という視点が抜け落ちてしまうからです。勝つためには、テクニカルを自分の勝ちパターンの道具として使えるようにならなければなりません。テクニカルは勝ち方を教えてくれませんが、使い方によって、勝つための頼れる武器になります。

勝つためには、テクニカルを自分の勝ちパターンの道具として使えるようにならなければなりません

～第2節～
チャートを見る前にわかっていることと、チャートを見た後に知ることを区別する

　チャートを見るとき、多くの人は事前に何の準備もなくチャートを開き、漫然とチャートを眺め、成り行きで「その後、どうしようか」と考えるのではないでしょうか。これでは「チャートを見る」ことへの意識があまりにも低すぎると思います。

　例えば、これから大事な面接に行くとします。そのとき、何も考えずに面接会場に行き、成り行き任せで面接に臨むでしょうか？　始まってみないとわからないことも多いですが、事前にシミュレーションできることも多いはずです。

　私たちトレーダーには、チャートを見る時点ですでにトレードが始まっているという前提が必要です。そのうえで、チャートを見る前にわかっているべきこと（視点）と、チャートを見た後にわかること（視点）を区別する必要があります。

　「アプリオリ（a priori）」と「アポステリオリ（a posteriori）」という哲学用語があります。両方ともラテン語で、カント哲学に欠かせない概念です。

　アプリオリとは、経験的認識に先立つもの、つまり普遍的な事象のことです。「原理原則」と言い換えてもよいと思います。

　アポステリオリとは、アプリオリと対をなす概念で、経験を通じて

得る認識のことです。論理学では「帰納的」という意味でも使われます。

　チャートを見るときには、このアプリオリとアポステリオリの区別が大事です。

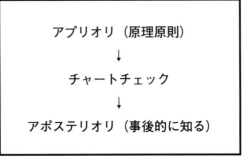

という形です。

アプリオリ＝経験的認識に先立つもの、経験する前にあるべきもの
アポステリオリ＝経験を通して、経験した後に得られる知識や認識

　では、何がアプリオリで、何がアポステリオリなのでしょうか？
　アプリオリ（チャートチェックに先立つもの）とは、以下のものを指します。

◎勝ちパターン
◎通貨のファンダメンタルズ
◎資金管理戦略

　アポステリオリ（チャートチェック後に初めてわかること）とは、

以下のものを指します。

◎通貨の強弱の判断
◎エントリーするかどうかの判断
◎相場のシナリオ
◎勝ちパターン発生かどうかの判断
◎テクニカル指標
◎エグジットするかどうかの判断
◎出口戦略

　アプリオリな認識は、勝ちパターンと、ファンダメンタルズと、資金管理だけです。

　ファンダメンタルズは、チャートとは関係なく知ることができます（チャートが暴落してから、「ファンダメンタルズが悪い」と後出し解説するアナリストは、ファンダメンタルズ分析をしているのではありません）。

　資金管理戦略は、チャートとは関係なく、常に資産管理の一環としてルールを決めているものです。

　これら以外は、すべて、チャートをチェックした結果、初めてわかること、あるいは決められることです。

　勝ちパターンだけを意識してチャートをチェックする。それ以外に前もって考えることは資金管理とファンダメンタルズだけです。

　だから、チャートチェックにかかる時間は1枚につき数秒です。テクニカルや通貨の強弱、その他いろいろなことを考えながらチャートをチェックしていたら、短時間で終わりません。

　過去のローソク足の動きを分析して現在を把握し、将来を見通すのがテクニカルです 。チャートが動いてくれないと何もわかりません。テクニカルが遅行指標と言われる所以はそこにあります。

テクニカル分析に対して、ファンダメンタルズは先行指標です。チャートが存在するより先にあるものです（チャートが動いた後からファンダメンタルズを云々するプロアナリストは例外なく似非です）。

　どの通貨ペアにエントリーするかということも、そもそもエントリー自体するかどうかということも、通貨の強弱も、チャートチェックをした後に初めて、わかることです。言い換えれば、チャートチェック前に考えてはいけないことです。

　アプリオリとアポステリオリ。哲学的で難しいように感じるかもしれませんが、本来、こういった概念は、難しいことをシンプルにするために、わかりやすくするために存在しています。

　ものごとをシンプルに整理するための道具、これを私は「フレームワーク」と呼んでいます。

～第3節～
テクニカルの判断基準を最小限に絞る

　テクニカルは非常に重要ですが、振り回されるのではなく自分の道具として使いこなすことが必要です。

　同時にたくさん使おうとすればするほど、使いこなすのは難しくなります。テクニカルは、使いこなせれば心強い味方になってくれる一方、手に余るようになると、味方のふりをして逆に私たちを窮地に追い込むことがあります。

　テクニカルにおける判断基準はひとつだけが理想です。判断基準がいくつもあると、複雑になります。

　トレードで勝つための原理原則は「シンプル」「普遍性」「再現性」です。複雑化すれば、勝てるトレードから遠ざかり、負けるトレードに近づいていきます。

　初心者であればあるほど、判断基準が多いほうがより高度で、より勝てそうに見えてしまうかもしれません。判断基準が少ないと、逆に不安になってしまうのでしょうか。

　しかし、判断基準は少なければ少ないほうがよいです。理想はひとつだけです。

　なぜ判断基準はひとつだけがよいのでしょうか。

まず、判断が瞬時にできるからです。時間を掛けないで判断できるということには、「時間の節約」以上の意味があります。

　時間を掛けない判断は、「論理的」「直感的」という、相反するように思える2つの要素を両立させるからです。

　時間を掛けるのは文学的です。時間を掛けて、じっくり味わい、ゆっくり思考し、感じ、決めてゆくプロセスが文学です。

　それに対して、瞬時に答えが出るのは、数学的、つまり論理的です。直感的と論理的は矛盾するように見えるかもしれませんが、実は「時間を掛けない」という一点で共通しています。

　いろいろ考えるより、直感で決めるほうがうまくいった、そんな経験をしたことはありませんか。

　直感は、いわゆる「勘」「ヤマ勘」ではありません。

　直感とは、あらゆる経験や知識や知恵が、自分の意志とは無関係に、瞬時に総動員され、本来のプロセスだと数時間、数日、数年掛かって得られる答えが、瞬時に突然与えられる……。そんな感覚です。走馬灯のようなイメージでしょうか。

　ところが、判断基準が複数、または多数あると、判断に時間が掛かります。判断基準が多いと、論理的に破たんします。

　例えば、①ファンダメンタルズ分析、②3本の移動平均線、③フィボナッチ、④タイムサイクル分析、⑤一目均衡表、⑥MACDという6つの「武器」を使って エントリー判断をする手法があったとしましょう。

　とても高度で隙がないように見えます。しかし、よく考えるとわかるように、これは論理的に破たんしています。

　6種類のまったく効能の異なる薬を一緒に飲むことを続けたとしたら、「病気が治ったとしても、どの薬が効いたのか」、わからないと思いませんか。

お医者さんから6種類の薬を渡されて、「どの薬とどの薬を組み合わせていつ飲むのか、どんなときに、別の薬とまた別の薬を組み合わせて飲むのかを自分で判断しなさい」と言われては困ります。

　これがまさに、判断基準が多数あるテクニカルの使い方、あるいは手法です。

　例えば、移動平均線は買いを示し、一目均衡表では反落の可能性を示している場合を考えましょう。

　結果的に上昇すれば「移動平均線が効いた」ということになり、結果的に下落すれば「下落要因は一目均衡表（の雲）だった」という説明ができます。

　上昇しても、下落しても、何とでも解釈ができます。「今回はこの薬が効いた」「いや、あの薬を飲めば良かった」「これらの薬を一緒に飲んだから悪かった」という説明がいくらでもできてしまいます。

　となると、最初から、「今回の相場はボリンジャーバンドだけで判断しなさい」「今回は、他のテクニカル指標は無視してフィボナッチだけで」「今日は一目均衡表とMACDと移動平均線を使えば利益になる相場」と教えてもらったほうがよいという話になりますが、残念ながら、そんなことは誰にもわかりません。

　結果が出て初めて、今日はこれが原因で動いた、今日はこのテクニカルが効いて上昇した、今日はやはりファンダメンタルズがこうだったから下落した、上昇材料が多かったものの時間的に反落のタイミングだから反落した……などと説明ができるわけです。

　これが、論理的に破たんしているということの意味です。時間を掛けてゆっくり相場材料とテクニカルを分析し、どの基準で考えるかをじっくり検討する。これは、上級者の考え方のようでいて、実は負ける人の典型的な考え方にほかなりません。

　時間を掛けず、瞬時に判断することは、悪いことではありません。むしろ、勝つために必要なことです。瞬時に判断するということは、

見切り発車を意味しません。わからないものは「判断できない」と見送りに分類すればよいからです。

　瞬時に判断できるという事実には、論理と直感が集約されています。だからこそ、「判断基準はひとつだけ」が理想なのです。そんなシンプルなエントリー判断（つまりテクニカル指標）が再現性と普遍性をもたらしてくれます。

デモトレードの本当の使い方

デモトレードは非常に有益です。デモトレードを馬鹿にしている人は、安定的、継続的に勝てるトレードを身につけることができません。

「早く利益にしたい」と焦る気持ちは理解できますが、焦って大事なお金を失ったら何にもなりません。

先日、相場歴35年以上の友人と話していたとき、その方が「デモトレードでエントリーしてみた」という話をしていました。証拠金の入っている口座でもトレードしているかたわら、同時に、いつでもデモトレードで検証できるようにしているのです。

この考え方（＝トレード経験がどれだけ長かろうがいつでもデモをする）は、利益にできるトレーダーの間では常識です。

しかし、一般的な話として、ブローカー系や商材販売系の情報では、デモトレードのことは一切言いません。ですから、「デモトレードは初心者やトレードが下手な人だけがするもの」「本気になれない」などと思い込んでいる人が大多数なのでしょう。

低レバレッジやデモトレードは多くの業者との利益相反になるので、ビジネス上それを言いにくい、という背景もあるでしょう。

しかし、デモトレードには、以下のように多くの利点があります。

◎勝率やリスクリワード、プロフィットファクターを検証できる

◎資金管理の練習ができる

◎お金を失うことなく、自分の勝ちパターンを確立できる

◎修正が必要と思ったとき、試すことができる

◎自分がこれまでやったことのない方法を試してみることができる

◎新しいアイデアを試してみることができる

　野球選手も、打率３割台を打てる選手だからという理由で、「オレには必要ないから、素振りやティーバッティングはやらない」とバッティング練習をおろそかにしていたとしたら、技術が向上することなどなく、若手にどんどん追い抜かれていくことでしょう。

　普通は、３割打者でも素振りやフリーバッティングをしますし、欧州クラブに所属するプロサッカー選手でもフリーキックの練習をします。

　このことと同じです。トレーダーや投資家にも、常に進化することが求められます。

　また、新しいビジネスや投資を始める前にはシミュレーションが必要です。デモトレードはトレードをするうえでのシミュレーターです。シミュレーターを馬鹿にしているのは負けている人か、初心者だけ。

　一方で、勝っている人や熟練トレーダーは、シミュレーターの価値をわかっています。

　これが、トレードの世界の常識と非常識です。負けている人や初心者は、消費者マインドに侵されていることが多いです。消費者マインドの反対は、投資家マインドです。

　消費者は、常にお金を使いたくなるように仕向けられている人たちです。「デモなんてばかばかしい、早く稼ぎたい」。それは消費者マインドです。デモトレードで本気になれないのではなく、証拠金を使ったトレードで熱くなっているだけではないでしょうか？　または、ト

レードを身につけることに関心があるのではなく、トレードのスリル を味わいたいだけではないでしょうか？

しかし、本物の投資家は違います。「どうすればより多くの利益を 効率的に得ることができるだろうか？　そのためにデモを行おう」と 考えます。これが投資家マインドです。

デモトレードには利点だけあって、弊害はゼロです。

デモトレードの利点はいくつもありますが、なかでも「証拠金が減 らない」という点は最も大きなメリットです。これは、当たり前のよ うですが、当たり前ではありません。

トレードを学ぶ初期段階では、必ず失敗をしますし、間違いを犯し ます。また、ポジション管理の方法がわかりません。しかし実践しな ければ、いつまでたっても上達しません。

学ぶ段階で、失敗を繰り返すということは、証拠金を減らす、つま りお金を失うことを意味します。

右も左もわからない入門者のときに 1000 万円あったとしても、何 となく感覚がつかめてきたときには 800 万円になり、もう少し自信が ついてきたときには 600 万円にまで減り、ある程度「これでいけるか も」と手ごたえを感じるころには 400 万円になり、「もう大丈夫、勝 てそうだ」という状態になったときには、200 万円しか残っていない ……。これは冗談ではない、よくある話です。

せっかくトレードを身につけて、これから稼げるというときに、元 手がなくなっていたら、何と残念なことでしょうか。

証拠金は、学び始めたばかりの初学者のときに使うためにあるので はないのです。学ぶためには教材も必要でしょうし、セミナーに参加 することも必要でしょう。そういうものにお金を使うことは立派な投 資なので意味があると思います。でも、証拠金を減らしていたとした

ら、それは投資とは呼べません。何の意味もありません。

　証拠金を何十万円も、何百万円も飛ばして、その結果、トレードを身につけられるならまだしも、同じ失敗を繰り返して証拠金をなくすだけで、何の成長もしないという例も多いです。

　それならば、最初から100万円なり200万円の予算を立てて、「きちんと学びのためにお金を使っていたら良かった」ということになります。

　デモトレードの利点は証拠金を減らさないだけではありません。証拠金を増やすことができる、という点も大きいです。

　どうやって増やすのでしょうか？　お給料や副収入の一部を証拠金に積み増していくのです。将来トレードで稼げるようになったときのために、積み立てておくのです。1000万円の証拠金を準備したのに、トレードで稼げる状態になったときには200万円しか残っていなかった人の例を出しましたが、その反対になるということです。

　学習期間のときは、例えば1000万円の証拠金にプラスアルファのお金を少しずつ積み増していきます。そして、半年後とか1年後、稼げる自信がついたときに1500万円や2000万円の証拠金から始められるようにするのです。証拠金を飛ばして200万円しか残っていない人と、増やして2000万円から始められる人では、その差は10倍になります。

　ところで、「デモトレードではいろいろ試すのがよい」という考え方と、「デモトレードは本番と同じようにやるほうがよい」という考え方があります。どちらが正しいのでしょうか？

　答えは、「デモトレードは本番と同じようにやるほうがよい」です。デモトレードには、次の2つの目的があります。

　　　　A：手法を検証する　　　B：手法を確立する

まず、Aの「検証」については、多くの誤解があります。「検証とは、いろいろ試すことだ」「試してみてどれが良いのかを考えることだ」と思っている人もいるようです。

　しかし、検証の実際とは、「データ取り」を意味します。例えば、あるダイエット法があるとして、そのダイエット法に効果があるかどうかを知りたい。それを知るためには、一定の条件下で、一定期間、継続する必要があります。

　「あるサプリダイエットの効果を知りたい」とすると、そのサプリの使用期間中、ずっと同じ条件で生活する必要があります。

　あるときには激しい筋トレをしたり、またあるときには糖質制限をしたり、検証期間中の前半は日本で生活し、後半は海外で生活するなど、途中で条件に変更を加えてしまうと、そのサプリが持つ効果を知ることはできません。痩せたとしても、何が原因で痩せたのかわかりませんし、リバウンドしたとしても、サプリに効果がなかったからだとは断定できません。

　検証とは、同じことを繰り返すことを言います。繰り返すことによって、一定期間のデータを取るのです。

　次にBの手法の確立です。手法を確立するためには、いろいろ試す必要があると考える方もいるかもしれません。

　しかし、そうではありません。いろいろ試し続けて、いつまでたっても確立せず、ずっと試してそれで終わり、という方を何人も知っています。悲しいかな、「その方のトレード人生＝手法を試し続ける人生」だったのです。

　では、いつ試すのか。確立してから、試すのです。いろいろ試す中で確立するのではなく、その反対です。確立してから試すのです。

　「鶏が先か、卵が先か」という話と同じだと受け止められるかもしれませんが、私の真意はこうです。とにかく最初に決めて、それをや

り続ける。やり続けるうちに、食事をするように、また歯磨きをするように、習慣化して定着させる。そうなるまでやり続ける。

確立してから、試すのです

変化を起こすのは、その後です。

「タンパク質を増やしてみよう」と思っても、仮に満足に食事もできないのであれば、「何を食べるか」で悩んでいる場合ではありません。食事できるようになってから、食べ物の選り好みができるようになります。

「もう少し固い歯ブラシを使ってみよう」と思ったとしても、もしも 歯磨きの習慣が身についていないのであれば、「どの歯ブラシがよいか」などを考えるときではありません。毎日歯磨きできるようになってから考えればよいのです。

ゴルフを始めてもいないのに、毎日何時間もかけてゴルフクラブを検索して「どれが自分に合っているか」「どれを使ったら人に羨ましがられるか」を夢想しながら、（ゴルフクラブの）カタログを見ている人もいます。

とにかくまずオーソドックスなクラブで練習を始めて、練習を継続すること。上達してもいないのに、あれのほうが飛ぶ、これのほうがコントロールに優れている、など余計なことを考えて用具を変えないことです。

マンションが良いか、一軒家が良いか、都心が良いか、郊外が良い

かと、ネット検索で時間を費やしている人も多いと思います。

家は一度買ったらなかなか買い換えられません。ですから、試せないと思うかもしれませんが、そんなことはありません。賃貸があります。

どちらがよいのかわからないなら、まず賃貸で住んでみることです。そうすれば、わかるようになります。

トレードでも同じです。「一定期間同じことを繰り返すのはよいけれど、繰り返して損が出たらどうするの？」と思うかもしれませんが、それは愚問です。そのためにデモトレードがあるからです。

デモトレードとは、いろいろなことを試すための道具ではありません。ひとつのことを続けるためにあります。続けた結果、データを獲得できます。

そのデータを見れば、改善点も見えてきます。データもないのに、あれがよいか、これがよいかなどわかるはずもありません。

試すにしても、試したことが正しいのかどうか知るすべがないので、トレードの改善や進化の手ごたえは得られません。

あらためて結論です。「確立→試す」の順です。「試す→確立」ではありません。

～第5節～
トレード記録と勝ちパターン

　トレード記録をつけることは、勝てるトレードができるようになるまでは必須です。その目的は、自分のトレードを後から振り返るためです。

　通常、FX業者のシステムは、取引履歴等をダウンロードできるようになっています。しかし、その取引履歴を見るだけで自分の取引を具体的に振り返ることは難しいです。

　記録は、手書きでもエクセルでも、何でもよいと思います。以下の情報を簡潔に記録できるなら、形式にはこだわる必要はありません。

　　◎エントリー日時　　　　◎エントリーの根拠
　　◎利食い／ロスカット日時　◎損益

　ご自分で記録表を作るのが難しい方は、私が使用しているエクセル表を以下からダウンロードしていただくこともできます。

～第6節～
勝ちパターンの作り方

　保険に入るとき、皆さんは、どのようにプランを選びますか？　おそらく、まず目的を明確にしてから、目的に沿ったプランを選ぶと思います。

　自分に万一のことが起きたときに家族が困らないようにしたいのか。子どもが進学したときに学費の工面であわてないようにしたいのか。老後資金を作るためなのか。それとも、相続対策なのか。そして、月々の支払い額も、保険の目的を考慮するだけでなく、所得に見合った金額にするはずです

　もうひとつ例を挙げます。仮に、不動産投資をするとしましょう。どのような物件を選ぶでしょうか？　マンションでしょうか。一棟アパートでしょうか。不動産を証券化したJ－REITでしょうか。東京の一等地に投資をするでしょうか。それとも地方でしょうか。

　実際には、資金にもよるでしょうし、居住地がどこであるかにもよるでしょう。

　このように、保険にしても、不動産にしても、ひとりひとり、それぞれの目的に合うようにカスタマイズされています。皆、同じスタイルということは、普通はあり得ません。ある人にとって賢い選択が、別のある人にとっては大失敗となることもあるのです。

マイホーム選び、賃貸住宅選び、職業の選択、結婚相手、子どもの進学など、ありとあらゆることについて「唯一の正解」は存在しません。

私たちは、全員が同じことをして成功できるわけがないことを知っているはずです。それなのに、トレードでは皆同じように成功できると思ってしまう。ある人がある手法で成功していると聞いたら、自分もその人と同じ手法を使って、同じことをすれば成功できると思ってしまう。その人と私とではトレードの目的も、トレード環境も、資金量も、使える時間も違うにもかかわらず、同じトレードを追求しようとする風潮があります。

これでは、成功できるはずもありません。「成功している人の手法やトレードルールを真似ても勝てない」と、本書で一貫して述べていることは、科学的な理由に基づく事実なのです。

では、成功するためにはどうすればよいのでしょうか。

その答えとは、自分自身の目的に合致し、自分の資金量に最適化され、自分のライフスタイルに合った「勝ちパターン」を確立することです。

犬が嫌いで動物アレルギーのある人が、友達の間で流行っているという理由だけで、自分も犬を飼う必要がないのは当然です。

シャネルが好きでもないのに、他の人が持っているからといって自分も買う、そんなことはばかげています。

FXでも同じです。そのことに気づくことができたら、どんなに楽になることでしょうか。

幸せになる秘訣は、自分らしくあることだと思います。他の誰とも比較しないで、自分にしかできないことを見つけた人は、成功が近いです。自分だけの「オリジナル」が鍵です。

もう、成功している人の手法やトレードルールを真似る旅は、終わりにしませんか。

　「誰がやっても同じように成功する手法」など、この世にありません。そのことに気づいたら、半分成功です。

　この世に存在するのは、「自分が勝てるようにカスタマイズされた勝ちパターン」だけです。

　どんなに優れた手法やトレードルールを使っても、それらの手法やトレードルールを使ってトレードしている人の9割は負けています。誇張などではなく、本当にそうなのです。

　なぜなら、その手法はほんの一部の人にしか合わないからです。しかし、多くの人が、「自分も同じことをすれば成功できるはずだ」と思い込んでいます。というよりも、わらにもすがる思いで、そのように自己暗示をかけているだけなのかもしれません。

　繰り返しになりますが、手法やトレードルールでは勝てません。それがどんなに優れたものであっても、です。

　私たちには「勝ちパターン」が必要です。自分だけの勝ちパターンを確立しましょう。

　「勝ちパターンとは何であるか」を理解できれば、成功は時間の問題です。

　そして、勝ちパターンを理解した後は、勝ちパターンのカスタマイズという作業になります。

　自分のトレードの目的をはっきりさせ、自分に最適な証拠金量、自分に最適なレバレッジ、自分に最適なトレード時間帯、自分に最適な時間足、自分に最適なエントリー判断とエグジット判断など、自分に最適な要素をプランニングに入れて、作り上げていくのです。それはマイホームや車、保険を選ぶことのように、楽しい作業になります。そのプロセスをしっかりと経れば、その先にはもう成功しかありませ

ん。

　最後に、自分の勝ちパターンを確立するためのヒントをひとつお伝えします。

　それは、勝っている人と負けている人の「わずかな差」を知ることです。

　勝っている人と負けている人は「何」が違うのでしょうか？　トレード歴もさほど変わらず、使っているテクニカル指標や入ってくる情報に差があるとも思えません。

　学歴や頭の良さでしょうか？　有意な差があるかどうかのデータは持ち合わせていませんが、それほど違いがあるようにはどうしても思えません。

　人格的に優れているかどうかでしょうか？　見た目で判断してはいけないことはわかっていますが、ちょっとヘンな人たちも稼げているのは事実のようです。人格者といわれる人が稼げるわけではありません。

　運？　運で決まるとしたらトレードなどやめたほうがよいですね。

　勝つことへの熱意や執着？　人それぞれかもしれません。勝っている人たちを観察すると、相場を愛し、情熱的にトレードに取り組んでいる人もいれば、相場などには興味がないかのように、退屈そうにトレードして利益にしている人もいます。このあたりはただの個性かもしれません。

　では、何が違うのでしょうか？

　真理に対して「根拠を知ること」や「納得できること」を求めていない、ということです。このわずかな差が、決定的な差になります。

　勝てる人は相場の神秘を自分の小さな頭で理解しようとはしません。ただ相場で発生するひとつひとつの事実に向き合い、それを認め

ます。

　根拠や納得を求めるとは、次のようなことです。

　「あんな重い飛行機がなぜ飛ぶか、その根拠を知ったうえで、１フ
ライトで航空会社がいくら利益を出すかを知って納得しなければ、飛
行機に乗ることはできない」

　そうではなく、安全に目的地に到達できることを認め、自分にとっ
てリーズナブルな費用なら、ただ黙って飛行機に乗って移動すればよ
いのです。

　まずは、少しでもいいので、行動してみましょう。最初の一歩を踏
み出してみましょう。

　私たちが今見ている日足の移動平均線は、過去数十日分のローソ
ク足終値の値動きによって形作られています。過去のローソク足がな
ければ、現在の相場分析はないのです。

　それと同じように、私たちの人生も、過去の決断と行動と習慣に
よって形作られています。過去の歩みの上に、今の私たちの人生があ
ります。だとしたら、今日、私たちがどのように決断するか、また行
動するか、そしてそれを続けるかが、５年後、10年後、20年後の人
生を決定づけるはずです。

　将来の成功は、今日、決まります。

あとがき

　最後までお読みいただき、ありがとうございました。本書を読み進めるうちに、「なぜ自分が負けていたのか」に気づき、「なぜ自分が勝てていたのか」に気づかれたとしたら、私たちの試みは成功です。

　勝ちパターンを身につけるという作業は、負けパターンを捨てるという作業の裏返しでもあります。負けパターンには、なぜか、魅力があります。だからこそ、「無意識のうちに負けパターンに執着してしまい、それらを捨てられなくなってしまう」というのが一般的なトレーダーたちの現実ではないでしょうか。

　そのような意味では、勝ちパターンとは「狭き門」だと思います。しかし、いったんその門をくぐると、その先には無限の可能性が広がります。その世界に足を踏み入れてほしい、私たちと一緒に勝つことを楽しんでほしい、そう心から願います。

　著者はそれぞれＦＸの世界で勝てるトレーダーを育成する取り組みを行っています。紙面をお借りして、ご紹介させてください。
　鹿子木健は株式会社メデュ [近畿財務局長（金商）第 409 号] にて、「SOPHIA FX® 鹿子木健の勝ちパターンシグナル」を展開しています。勝ちパターンによるモデルトレードを全公開、そして 28 通貨ペアにて発生する勝ちパターンを毎日配信しています。

　伊藤彰洋はブログ「THE FX TRADE　FX 資金管理 .com」にて、トレードスキルアップのためのヒントや、資金管理に関する情報を発

信しています。MT4 資金管理スクリプトなど、資金管理を自動化するツールを公開しています。

　このたびは、読者限定特典として勝ちパターンと資金管理の動画をご用意しました。ご興味のある方は、ぜひご登録いただければと思います。

■SOPHIA FX® 鹿子木健の勝ちパターンシグナル（クーリングオフ10日間適用、同期間無料でお試しいただけます）

■THE FX TRADE　FX資金管理.com（勝ちパターン動画を無料でご視聴いただけます。パスワード【20200708】）

　最後になりましたが、前作に続いて、磯崎公亜氏には大変お世話になりました。この場を借りてお礼申し上げます。

◆著者（プロフィール）

鹿子木　健（かなこぎけん）

株式会社メデュ代表取締役。お金を扱う能力を高めるための普遍的な知恵を伝えることがライフワーク。2004年から個人投資家として投資活動を始めた。投資全般に通じているが、外国為替証拠金取引（FX）が得意分野。エッジの効いたチャートパターンと勝てる行動パターンを組み合わせた「勝ちパターン」を提唱し、「鹿子木式10の勝ちパターン」としてまとめ、発信している。2014年から関東財務局登録の投資助言者として4年間、数千人の個人投資家に対しFX投資助言を行い、自身の全トレードをリアルタイムで公開。代表を務める株式会社メデュは2020年5月に金融商品取引業（投資助言・代理業）の登録完了、7月から「SOPHIA FX® 鹿子木健の勝ちパターンシグナル」を開始予定。

伊藤　彰洋（いとう　あきひろ）

ブログ『THE FX TRADE　FX資金管理.com』を運営。トレードスキルアップのためのヒントや資金管理に関する情報を発信している。MT4資金管理スクリプトなど、資金管理トレードを自動化するツールを公開中。前著『FXで勝つための資金管理の技術』では「トレードとは資金管理のことである」と提唱し、多くのトレーダーから注目を集める。共著者である鹿子木氏と共に日本全国で開催した資金管理セミナーでは多数の学徒が資金管理により損益の変革を経験した。

2020 年 8 月 4 日　初版第 1 刷発行

現代の錬金術師シリーズ　⑮⑨

勝てない原因はトレード手法ではなかった
ボリンジャーバンドを使った、すぐに真似できる 2 つのトレード奥義を伝授

ＦＸで成功するための「勝ちパターン」理論
── 「いつもうまくいく」を実現するための仕組みづくり

著　者	鹿子木健　伊藤彰洋
発行者	後藤康徳
発行所	パンローリング株式会社
	〒 160-0023　東京都新宿区西新宿 7-9-18　6 階
	TEL 03-5386-7391　FAX 03-5386-7393
	http://www.panrolling.com/
	E-mail　info@panrolling.com
装　丁	パンローリング装丁室
組　版	パンローリング制作室
印刷・製本	株式会社シナノ

ISBN978-4-7759-9174-9

勝てない原因はトレード手法ではなかった
FXで勝つための資金管理の技術

伊藤彰洋、鹿子木健【著】

定価 本体1,800円+税　ISBN:9784775991701

損失を最小化し、利益を最大化するための行動理論

どんなに素晴らしい手法でも、根底に資金管理がなければ、いずれは崩れ去ります。逆に「これでは勝てないな」と感じていたような手法が、資金管理によって輝き始め、地味でも確実に利益をもたらしてくれるツールに変身することもよくあります。要するに、手法を生かすも殺すも資金管理次第なのです。資金管理の学びは、私たちを裏切りません。資金管理を学ぶということは、トレードで勝つ方法を学ぶということでもあるのです。「聖杯」のような絶対に勝てる手法はこの世に存在しませんが、あえて言うなら資金管理こそ聖杯です。この機会に、資金管理という技術を究めてはいかがでしょうか?

小次郎講師流 目標利益を安定的に狙い澄まして獲る
真・トレーダーズバイブル

小次郎講師【著】

定価 本体2,800円+税　ISBN:9784775991435

エントリー手法は、資金管理とリスク管理とセットになって、はじめてその効果を発揮する。

本書では、伝説のトレーダー集団「タートルズ」のトレードのやり方から、適切なポジション量を導き出す資金管理のやり方と、適切なロスカットをはじき出すリスク管理のやり方を紹介しています。どんなに優れたエントリー手法があったとしても、資金管理（適切なポジション量）とリスク管理（どこまでリスクを許容すべきか）が構築されていないと、その効果を十二分に発揮できないからです。「破産しないこと」を前提に、安定的に、目標利益を狙い澄まして獲れるトレーダーのことを、本書ではVトレーダーと呼んでいます。Vトレーダーになるために、何をすべきか。その答えを本書の中で明かしています。

17時からはじめる
東京時間半値トレード

アンディ【著】

定価 本体2,800円+税　ISBN:9784775991169

さまざまメディアに登場している
有名トレーダー、アンディ氏の初著書!

「半値」に注目した、シンプルで、かつ論理的な手法をあますことなく紹介! さらに、原稿執筆時に生まれた、(執筆時の)神がかり的な手法も公開!
予測があたってもうまくポジションが作れなければ、良い結果を残すことは難しい。

目次

第1章　「半値」とは何か
第2章　半値トレードでのポジションの作り方
第3章　半値トレード 鉄板パターン集
第4章　半値トレード 売買日誌
第5章　半値トレード 理解度テス

簡単サインで「安全地帯」を狙う
FXデイトレード

齊藤トモラニ【著】

定価 本体2,000円+税　ISBN:9784775991268

簡単サインで押し目買い&戻り売りの絶好ポイントを探せ!

本書で紹介しているWBRという新しいインジケーターは、RSIに、ボリンジャーバンド(以下、ボリン)の中心線と±2シグマのラインを引いたものです。RSIとボリンの関係から見える動き、具体的には「RSIとボリンの中心線の関係」「RSIとボリンの±2σの関係」からエントリーを探ります。このインジケーターは、あのボリンジャーバンドの開発者、ジョン・ボリンジャー氏からいただいた、「オシレーターにボリンジャーバンドを使うといいよ」という言葉がヒントになっています。「ボリンジャーバンドをオシレーターとして使う」というアイデアを「トレードに生かせないか」と、1年以上も思考錯誤して、生まれたのが独自のインジケーター「WBR(Win-Bollin-Rsi)」です。

1日3度のチャンスを狙い撃ちする
待つFX

えつこ【著】

定価 本体2,000円+税　ISBN:9784775991008

相場の勢いをつかんで勝負する
損小利大の売買をメタトレーダーで実践

本書で紹介する方法は、「MetaTrader4」を使った驚くほどシンプルなものです。難しい考え方や手法はひとつもありません。あえて極論するならば、方法さえわかれば、小学生にでもできるようなものだと思います。なぜなら、すべきことが決まっているからです。本書のテーマは、タイトルからもわかるように「待つ」ことです。勝負に出て負けてしまうときは、多くの場合、勢いがない（動かない）ときにエントリーしてしまうことだと著者は語っています。要するに、簡単にエントリーしすぎるからうまくいかないのだと。このことを踏まえて、"勢いのある（動く）時間帯まで待って、実際に勢いがついてからエントリーしてください"と本書では強調しています。

1分足のレンジで勝負！
行き過ぎを狙うFX乖離トレード

春香【著】

定価 本体2,000円+税　ISBN:9784775991060

「乖離」「勢い」「チャートパターン」で見極める

本書で紹介している「乖離トレード」は、著者の試行錯誤の経験を経て行き着いた「シンプル・イズ・ベスト」に基づくものです。実際に、理論もチャートもシンプルですので、FXを少しでもかじったことがある人なら簡単に真似できると思います。ただし、ここに落とし穴があります。手法を簡単に真似できるからといって、すぐに利益を出せるほどFXの世界は甘くありません。手法以外にも大事なことはたくさんあります。その点を深く考慮し、資金管理やメンタルの強化など、手法だけ学んでも勝ちにくいという話についても、著者の経験談をベースに、ページを割いて解説しています。

世界の"多数派"についていく
「事実」を見てから動くFXトレード

正解は"マーケット"が教えてくれる

定価 本体2,000円+税　ISBN:9784775991350

「上」か「下」かを当てようとするから当たらない

一般的に、「上に行くのか、下に行くのかを当てることができれば相場で勝てる」と思われがちですが、実は、そんなことはありません。　逆説的に聞こえるかもしれませんが、上か下かを当てようとするから、相場が難しくなってしまうのです。なぜなのか。それは、「当てよう」と思った瞬間は、自分本位に動いているからです。

「当てたい」なら、正解を見てから動けばいい

では、当てにいこうとしてはいけないなら、どうすればよいのでしょうか？　私たち個人投資家がやるべきことは、「動いた」という事実を客観的に確認することです。例えば、世界中のトレーダーたちが「上だ」と考えて、実際に買いのポジションを持ったと確認できてから動くのです。正解がわかったら、自分も素早くアクションを起こします。自分の意思は関係ありません。世界の思惑に自分を合わせるのです。

三位一体のFXトレード理論

坂井秀人【著】

定価 本体1,800円+税　ISBN:9784775991534

手法の発見、手法の証明、手法の稼働。
この3つの一連の作業がトレードである。

本書で紹介している著者の手法も真似していただいて構わない。ただし、あなたにとって「正しい」かどうかを必ず証明してから使ってほしい。ある人にとって「正しい」ものが、必ずしも、あなたにとって「正しい」とはならないことを、本書を通じて感じてほしい。あなたにとって「正しい」と証明されたルールを稼働していただきたい次第である。

「0pipsを狙うなら、どのルールが良いのか」を徹底検証！

出口から考えるFX

角田和将【著】

定価 本体2,800円+税　ISBN:9784775991640

最小限の検証時間で勝ちトレードを最大限に増やすための実験レポート

今回、検証を通してわかったことがあります。本書で取り上げたルールにはすべて、通貨ペア、時間足の組み合わせに対して、何かしらの勝てる組み合わせがあったのです（組み合せの詳細は本書にて）。同じトレードルールでも、通貨ペアや時間軸によって、成績が大きく変わります。どんなルールにも勝てる可能性は秘められている、ということです。ルールが悪いのではないのです。相場の状況に合わせてルールを使い分けていかないから勝てないのです。この重要性がわかっただけでも、すごいことなのです。私たちトレーダーが真にやらなければいけないのは、勝てないからといってルールを変えようとすることではありません。ルールの特徴を踏まえたうえで、今の相場に合うルールを採用することなのです。

iCustom（アイカスタム）で変幻自在のメタトレーダー

ウエストビレッジインベストメント株式会社【著】

定価 本体2,800円+税　ISBN:9784775991077

今まで、メタトレーダーでEA作りに挑戦し、挫折してきた人に

今までは、EAを自分で作成すると言っても敷居が高過ぎて、なかなか一歩が踏み出せなかった、あるいは踏み出してもその先に進めなかった人が多かったのではないかと思います。「できなかったこと」は悪いことではありません。普通はできなくて当然なのです。

でも、これからは違います。本書の読者の皆様には、本書の中で使っている定型文（エントリー＆エグジット）と、ひな型として、一目均衡表を使ったEAのプログラム文をダウンロードしていただけます（本書巻末の袋とじ参照）。それをメタエディター（プログラム文を書く場所）にコピペして、必要な部分（パラメーターなど）だけ自分の好きなものに変えていただければ、すぐにEAが完成します。ぜひ、試してみてください。

ウィザードブックシリーズ228

FX 5分足スキャルピング
プライスアクションの基本と原則

ボブ・ボルマン【著】

定価 本体5,800円+税　ISBN:9784775971956

132日間連続で1日を3分割した5分足チャート
【詳細解説付き】

本書は、トレーダーを目指す人だけでなく、「裸のチャート（値動きのみのチャート）のトレード」をよりよく理解したいプロのトレーダーにもぜひ読んでほしい。ボルマンは、何百ものチャートを詳しく解説するなかで、マーケットの動きの大部分は、ほんのいくつかのプライスアクションの原則で説明でき、その本質をトレードに生かすために必要なのは熟練ではなく、常識だと身をもって証明している。

トレードでの実践に必要な細部まで広く鋭く目配りしつつも非常に分かりやすく書かれており、すべてのページに質の高い情報があふれている。FXはもちろん、株価指数や株や商品など、真剣にトレードを学びたいトレーダーにとっては、いつでもすぐに見えるところに常備しておきたい最高の書だろう。

ウィザードブックシリーズ200

FXスキャルピング
ティックチャートを駆使した
プライスアクショントレード入門

ボブ・ボルマン【著】

定価 本体3,800円+税　ISBN:9784775971673

無限の可能性に満ちたティックチャートの世界！ FXの神髄であるスキャルパー入門！

日中のトレード戦略を詳細につづった本書は、多くの70ティックチャートとともに読者を魅力あふれるスキャルピングの世界に導いてくれる。そして、あらゆる手法を駆使して、世界最大の戦場であるFX市場で戦っていくために必要な洞察をスキャルパーたちに与えてくれる。

投資_{トレード}のやり方は
ひとつではない。
"百人百色"のやり方がある！

凄腕の投資家たちが
赤裸々に語ってくれた、
投資のやり方や考え方とは
いかに……。

好評発売中